小学生の
語彙力アップカード
1000
難しい言葉・対義語・使い分け・カタカナ語・
ことわざ・慣用句・四字熟語
監修 金田一秀穂（杏林大学客員教授）
JN042033
疑惑
おっくう
瞬く間
かさ張る
心置きなく
たぬき寝入り
こらえる
いとおしい
エキスパート
腹が黒い
馬耳東風
奥床しい
糸口
一心不乱
アクティブ
画期的
買って出る
Gakken

この本の使い方

- 小学生のうちに覚えておきたい難しい言葉を徹底的に分析し、全1000語をカードにしました。
- ミシン目で切り取り、付属のリングでとめて持ち歩けば、いつでも・どこでも確認できる、自分だけのカード集が作れます。

語彙力アップカード　オモテ面・ウラ面でチェックできる！

小学生が使いやすいように、オモテ面には難しい言葉、ウラ面にはその言葉の意味と例文をのせています。慣れてきたらウラ面からオモテ面を確認してみましょう。類義語には類のマークを、反対語や対語には対のマークを、カタカナ語には英語由来の言葉の場合英のマークを示しています。

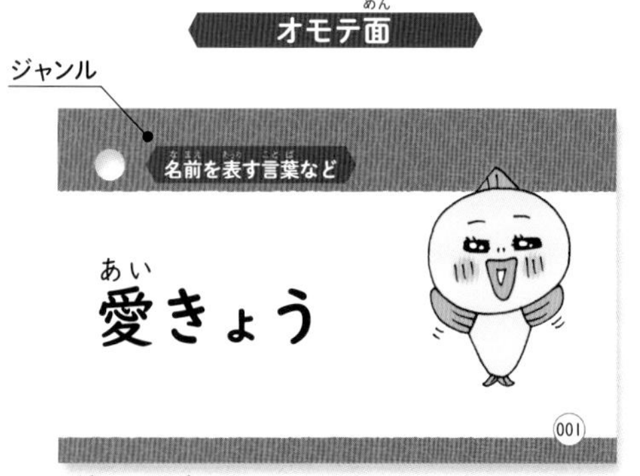

難しい言葉を見て、ウラ面で意味と例文を確認。

名前を表す言葉など

❶ にこにこしていて、かわいいこと。
❷〔人に好かれるような〕愛想や、お世辞。

例 ❶ 丸くて＿＿＿のある顔だ。
❷ ＿＿＿をふりまく。

001

意味や例文を確認して、オモテ面で難しい言葉を確認。

表紙カード

表紙カードは語彙力アップカードの最初に入れるとわかりやすいです。

カードの上手な切り方

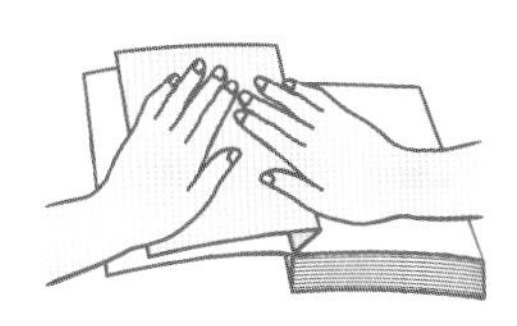

①縦のミシン目に沿って
しっかり折る

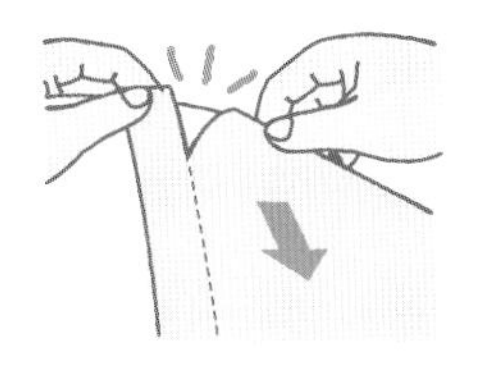

②折り目のはしをつまんで
少しだけ切る

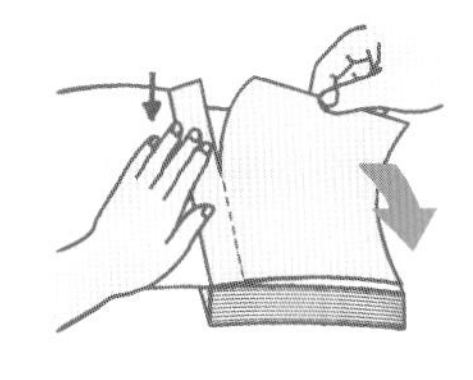

③ミシン目の内側をおさえながら、
少し丸めるようにして、
切り取る

小学生の語彙力アップカードの目次

●カードは、名前を表す言葉など、動きを表す言葉、様子・気持ちを表す言葉、常用漢字で書き表せる言葉〔二字熟語・三字熟語〕、対義語、使い分け（同音異義語・同訓異字）、カタカナ語、ことわざ、慣用句、四字熟語の 11 色に分けています。そのうち、中国の古い物語などにいわれのある言葉には、特に故事成語のマークを示しています。具体的な収録語はさくいんでご確認ください。

小学生の語彙力アップカードさくいん

●この本に収録しているカード1000枚を50音順に並べています。
●数字はカードの通し番号です。

あ行

か行（ぎょう）

さ行

た行（ぎょう）

な行（ぎょう）

は行（ぎょう）

ま行

や行

ら行

わ行

小学生の語彙力アップカード 1000

表紙カード

それぞれの表紙カードを語彙力アップカードの最初に置いて、表紙として使いましょう。

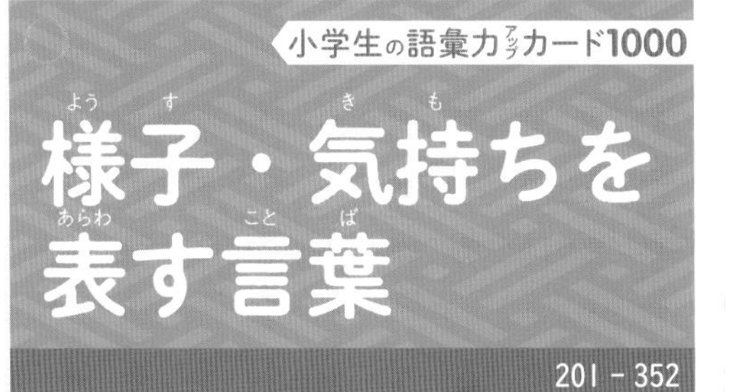

小学生の語彙力アップカード
1000

表紙カード

それぞれの表紙カードを語彙力アップカードの最初に置いて、表紙として使いましょう。

名前を表す言葉など

愛（あい）きょう

001

名前を表す言葉など

足手（あしで）まとい

002

名前を表す言葉など

当（あ）て付（つ）け

003

名前を表す言葉など

有（あ）り合（あ）わせ

004

名前を表す言葉など

ありきたり

005

名前を表す言葉など

言（い）い掛（が）かり

006

名前を表す言葉など

言（い）い逃（のが）れ

007

名前を表す言葉など

いきさつ

008

名前を表す言葉など

いつでもどこにでもあって、めずらしくないこと。

例 ______の内容の歌詞。

005

名前を表す言葉など

理由もないのに、人を困らせるような無理なことを言うこと。また、その言葉。

例 ______をつける。

006

名前を表す言葉など

問いつめられたとき、うまく言い訳をしてかわすこと。また、その言葉。

例 何度も同じ______をする。

007

名前を表す言葉など

そうなった訳。事情。

例 ______を説明する。

名前を表す言葉など

❶ にこにこしていて、かわいいこと。
❷〔人に好かれるような〕愛想や、お世辞。

例 ❶ 丸くて______のある顔だ。
❷ ______をふりまく。

001

名前を表す言葉など

そばにいて、じゃまになること。また、じゃまになる人。

例 私が行っても______になるだけだ。

002

名前を表す言葉など　類 当てこすり

ほかのことをわざと言って、遠回しに相手を責めること。

例 あの発言はぼくに対する______だ。

003

名前を表す言葉など

その場にあること。また、その場にあるだけのもの。

例 ______のおかずで、夕食にする。

004

名前を表す言葉など

いき ぬ
息抜き

009

名前を表す言葉など

いさかい

010

名前を表す言葉など

いざこざ

011

名前を表す言葉など

う　つ
打って付け

012

名前を表す言葉など

うのみ

013

名前を表す言葉など

がえ
おうむ返し

014

名前を表す言葉など

おおばんぶ　ま
大盤振る舞い

015

名前を表す言葉など

かどちが
お門違い

016

名前を表す言葉など

〔鳥のウが魚をそのままのみ込むことから〕人の言葉や文章などを、よく考えずに本当だと思い込むこと。

例 友人の話を______にする。

013

名前を表す言葉など

〔オウムが口まねをするように〕相手の言葉を、何も考えずにすぐそのままくり返して言うこと。

例 ______に言う。

014

名前を表す言葉など

お金やごちそうなどを出して、さかんにもてなすこと。

例 ______をしてもらった。

015

名前を表す言葉など

〔訪ねる家をまちがえて入るということから〕見当ちがい。立てた予想がちがうこと。

例 相手を責めるのは______だ。

016

名前を表す言葉など

〔気分を変えるため〕途中で一休みすること。

例 勉強の______にテレビを見る。

009

名前を表す言葉など　類 争い

言い争い。けんか。

例 彼らはちょっとした______をした。

010

名前を表す言葉など

小さな争いごと。もめごと。

例 近所で______が起きた。

011

名前を表す言葉など　類 おあつらえ向き

〔ある人や物事が〕ある条件などにぴったり合う様子。

例 これはあなたに______の役だ。

012

名前を表す言葉など

置き去り（おきざり）

017

名前を表す言葉など

思い過ごし（おもいすごし）

018

名前を表す言葉など

思うつぼ（おもうつぼ）

019

名前を表す言葉など

趣（おもむき）

020

名前を表す言葉など

面持ち（おももち）

021

名前を表す言葉など

顔触れ（かおぶれ）

022

名前を表す言葉など

要（かなめ）

023

名前を表す言葉など

気兼ね（きがね）

024

名前を表す言葉など

〔気持ちが表れた〕顔つき。

例 心配そうな＿＿＿。

021

名前を表す言葉など

仕事や集まりなどに加わる人々。メンバー。

例 いつもどおりの＿＿＿だ。

022

名前を表す言葉など

〔扇子の骨をまとめている部分の意味から〕物事の大切なところ・人。

例 話の＿＿＿を聞きのがさない。
その人はチームの＿＿＿だ。

023

名前を表す言葉など

ほかの人が考えていることを気にして、心配すること。

例 駅のホームで＿＿＿なくねむる。

024

名前を表す言葉など

置いたままにして、行ってしまうこと。置いてきぼり。

例 ひとりぼっちで＿＿＿にされる。

017

名前を表す言葉など

余計なことまで考えること。

例 それはきみの＿＿＿だよ。

018

名前を表す言葉など

〔物事が〕考えていたとおりになること。

例 ここであきらめては、相手の＿＿＿だ。

019

名前を表す言葉など

❶ おもしろみ。味わい。
❷ あるものが持っているような様子や感じ。

例 ❶ 鈴虫の鳴き声には、＿＿＿がある。
❷ この建物は明治時代の＿＿＿を残す。

020

名前(なまえ)を表(あらわ)す言葉(ことば)など

聞(き)こえよがし

025

名前(なまえ)を表(あらわ)す言葉(ことば)など

兆(きざ)し

026

名前(なまえ)を表(あらわ)す言葉(ことば)など

きずな

027

名前(なまえ)を表(あらわ)す言葉(ことば)など

気休(きやす)め

028

名前(なまえ)を表(あらわ)す言葉(ことば)など

悔(く)い

029

名前(なまえ)を表(あらわ)す言葉(ことば)など

苦(くる)し紛(まぎ)れ

030

名前(なまえ)を表(あらわ)す言葉(ことば)など

心当(こころあ)たり

031

名前(なまえ)を表(あらわ)す言葉(ことば)など

こじつけ

032

名前を表す言葉など

自分のしたことや、しなかったことを、あとで残念に思うこと。後悔。

例 ______を残さないように練習する。

029

名前を表す言葉など

苦しさのあまり、行うこと。

例 ______の言いのがれ。

030

名前を表す言葉など

〔たぶんこうではないかと〕心に思い当たることやところ。

例 ぬすみ食いした人物には______がある。

031

名前を表す言葉など

自分の都合のいいように、無理に理屈をつけること。無理にほかのことと結びつけること。

例 その言い分は、単なる______に過ぎない。

032

名前を表す言葉など

〔悪口や皮肉を〕わざと相手に聞こえるように話すこと。

例 ______につぶやく。

025

名前を表す言葉など

ある物事の起こりそうな様子。また、そのしるし。兆候。

例 春の______が感じられる。

026

名前を表す言葉など

断ち切ることのできない、人と人との強い結びつき。

例 親子の______。／強い______で結ばれている。

027

名前を表す言葉など

❶ 一時的な安心。
❷ 人を安心させるために言う、当てにならない言葉。

例 ❶ ______にもう一度参考書を見ておこう。
❷ ______でものを言わないでほしい。

028

名前を表す言葉など

差し障り（さしさわり）

033

名前を表す言葉など

しこり

034

名前を表す言葉など

尻切れとんぼ（しりきれとんぼ）

035

名前を表す言葉など

類い（たぐい）

036

名前を表す言葉など

助け船（たすけぶね）・助け舟（たすけぶね）

037

名前を表す言葉など

たそがれ時（たそがれどき）

038

名前を表す言葉など

立ち往生（たちおうじょう）

039

名前を表す言葉など

立て続け（たてつづけ）

040

名前を表す言葉など

〔おぼれている人を救うための船の意味から〕困っている人を助けること。また、その助け。

例 ＿＿＿を出す。

037

名前を表す言葉など

夕方。

例 ＿＿＿までには帰らないと。

038

名前を表す言葉など

〔立ったままで死ぬという意味から〕途中で進めなくなり、動くことができなくなること。

例 強風で列車が＿＿＿をしている。

039

名前を表す言葉など

〔同じことや、似た物事が〕続けて行われること。続け様。

例 ＿＿＿に悪いことが起きた。

040

名前を表す言葉など

都合の悪いこと。さしつかえ。

例 急に＿＿＿ができて欠席した。

033

名前を表す言葉など

❶ いやなことがあったとき、そのあとまで残っている、いやな気持ち。

❷ 筋肉がかたくなること。また、そのかたいところ。

例 ❶ ＿＿＿を残しそうな問題。　❷ 肩の＿＿＿。

034

名前を表す言葉など

終わりまで続かず、まとまりがつかないこと。

例 会話が＿＿＿に終わる。

035

名前を表す言葉など

同じ種類・程度のもの。

例 この＿＿＿の本はたくさんある。

036

名前を表す言葉など

たぬき寝入り(ねいり)

041

名前を表す言葉など

段取り(だんどり)

042

名前を表す言葉など

ちなみに

043

名前を表す言葉など

ちゅうちょ

044

名前を表す言葉など

つかの間(ま)

045

名前を表す言葉など

つじつま

046

名前を表す言葉など

筒抜け(つつぬけ)

047

名前を表す言葉など

粒ぞろい(つぶぞろい)

048

名前を表す言葉など

ほんのちょっとの間。

例 喜んだのも______。／______の静けさ。

045

名前を表す言葉など

物事の理屈や筋道。

例 ______の合わない話。

046

名前を表す言葉など

❶ 話し声が、そのまま聞こえること。
❷ 秘密にしていたことが、ほかの人にそのまま伝わってしまうこと。

例 ❶ どなり声は、となりの家に______だった。
❷ こちらの作戦は、相手に______だった。

047

名前を表す言葉など　類 粒より

〔能力などが〕どれも同じくらいにすぐれていること。

例 ______の選手たち。

048

名前を表す言葉など

ねたふりをすること。

例 ______を決め込む。

041

名前を表す言葉など　類 手順

物事を進めるための順番。また、その準備。

例 仕事が早く終わるように、______を考える。

042

名前を表す言葉など

あることを言ったついでに、つけ加えて言うときに使う言葉。ついでに言えば。それにつけても。

例 わが家は五人家族です。______、男性は父だけです。

043

名前を表す言葉など

考えが決まらず、あれこれと迷い、ためらうこと。

例 ______なく、チャレンジする。

044

名前を表す言葉など

でき ば
出来栄え

049

名前を表す言葉など

て まえ
手前みそ

050

名前を表す言葉など

で まか
出任せ

051

名前を表す言葉など

ま
てんてこ舞い

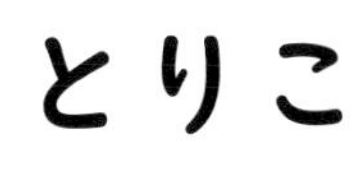

052

名前を表す言葉など

どうどうめぐ
堂堂巡り
どうどうめぐ
（堂々巡り）

053

名前を表す言葉など

とおまわ
遠回し

054

名前を表す言葉など

と え と え
取り柄・取り得

055

名前を表す言葉など

とりこ

056

名前を表す言葉など

同じ議論がくり返されて、先へ進まないこと。

例 ＿＿＿の会話。

053

名前を表す言葉など

〔はっきり言わないで〕それとなく相手にわからせようとすること。

例 友人から＿＿＿に注意された。

054

名前を表す言葉など

役に立つところ。長所。

例 素直なのが弟の＿＿＿です。

055

名前を表す言葉など

あるものに夢中になり、ほかのものに注意が向かない状態である人。

例 テレビゲームの＿＿＿になる。

056

名前を表す言葉など

できあがりの様子。

例 みごとな＿＿＿に喜ぶ。／＿＿＿がよい。

049

名前を表す言葉など

自分のことをじまんすること。

例 ＿＿＿を並べ立てる。

050

名前を表す言葉など

思いつくままに、いいかげんなことを言うこと。

例 口から＿＿＿を言う。

051

名前を表す言葉など

いそがしくて、あわてふためき、休む間もなく働くこと。

例 問い合わせが多くて、＿＿＿だ。

052

名前を表す言葉など

ないがしろ

057

名前を表す言葉など

なか
半ば

058

名前を表す言葉など

なけなし

059

名前を表す言葉など

に　つぎ
二の次

060

名前を表す言葉など

に　まい
二の舞

061

名前を表す言葉など

よろこ
ぬか喜び

062

名前を表す言葉など

ぬくもり

063

名前を表す言葉など

の
延べ

064

名前を表す言葉など

他人と同じ失敗を自分もすること。「二の舞い」とも書く。

例 兄の＿＿＿になってしまった。

061

名前を表す言葉など

今まで喜んでいたのに、当てがはずれて喜びがむだになること。

例 くじに当選したと思ったがまちがいだとわかり、＿＿＿に終わった。

062

名前を表す言葉など

心地よいあたたかさ。

例 つないだ手の＿＿＿を忘れない。

063

名前を表す言葉など

同じものがいくつ重なっても、それぞれを一つずつとして数えること。

例 三日間の入場者は＿＿＿二千人だった。

064

名前を表す言葉など

物事や人を軽く見て、粗末にあつかうこと。

例 親を＿＿＿にしてはいけない。

057

名前を表す言葉など

❶ 真ん中。中ほど。
❷ 半分ぐらい、その状態である様子。

例 ❶ 夏休みも＿＿＿なのに、宿題が終わらない。
❷ 彼は＿＿＿ねぼけていた。

058

名前を表す言葉など

あるとはっきりわからないくらいわずかなこと。ほとんどないこと。

例 ＿＿＿のお金で買ったおいしいケーキ。

059

名前を表す言葉など

二番目。後回し。

例 勉強は＿＿＿で、習い事に打ち込んでいる。

060

名前(なまえ)を表(あらわ)す言葉(ことば)など

引(ひ)っ張(ぱ)りだこ

065

名前(なまえ)を表(あらわ)す言葉(ことば)など

人(ひと)づて

066

名前(なまえ)を表(あらわ)す言葉(ことば)など

人見知(ひとみし)り

067

名前(なまえ)を表(あらわ)す言葉(ことば)など

拍子抜(ひょうしぬ)け

068

名前(なまえ)を表(あらわ)す言葉(ことば)など

二(ふた)つ返事(へんじ)

069

名前(なまえ)を表(あらわ)す言葉(ことば)など

隔(へだ)たり

070

名前(なまえ)を表(あらわ)す言葉(ことば)など

へ理屈(りくつ)

071

名前(なまえ)を表(あらわ)す言葉(ことば)など

負(ま)け惜(お)しみ

072

名前を表す言葉など

類 快諾

〔何かをたのまれたときなど〕すぐに気持ちよく引き受けること。

例 姉にたのんだら、＿＿＿で手伝ってくれた。

069

名前を表す言葉など

❶ 二つのものの間のきょり。

❷ ちがい。差。

❸ 気持ちがはなれること。

例 ❶ 太陽と地球の＿＿＿。 ❷ 意見の＿＿＿。
❸ 友人と＿＿＿ができる。

070

名前を表す言葉など

筋道の通らない理屈。つまらない理屈。

例 ＿＿＿を言う。／＿＿＿をこねる。

071

名前を表す言葉など

負けたり、失敗したりしたのをくやしがり、素直に認めず言い訳などを言ったりすること。

例 ＿＿＿が強い。／＿＿＿を言う。

072

名前を表す言葉など

人気があって、大勢の人からほしがられること。また、人気のある人・もの。

例 ドラマで＿＿＿の俳優。

065

名前を表す言葉など

うわさなどが人から人へと伝わること。

例 ＿＿＿に聞いた話。

066

名前を表す言葉など

〔子どもなどが〕見慣れない人を見て、はずかしがったりきらったりすること。

例 この子は＿＿＿が激しい。

067

名前を表す言葉など

張り切っていた気持ちがむだになって、がっかりすること。張り合いがなくなること。

例 運動会が中止になり、＿＿＿だ。

068

名前(なまえ)を表(あらわ)す言葉(ことば)など

瞬(またた)く間(ま)

073

名前(なまえ)を表(あらわ)す言葉(ことば)など

目(ま)の当(あ)たり

074

名前(なまえ)を表(あらわ)す言葉(ことば)など

見応(みごた)え

075

名前(なまえ)を表(あらわ)す言葉(ことば)など

見込(みこ)み

076

名前(なまえ)を表(あらわ)す言葉(ことば)など

報(むく)い

077

名前(なまえ)を表(あらわ)す言葉(ことば)など

無理強(むりじ)い

078

名前(なまえ)を表(あらわ)す言葉(ことば)など

良(よ)し悪(あ)し・善(よ)し悪(あ)し

079

名前(なまえ)を表(あらわ)す言葉(ことば)など

わだかまり

080

名前を表す言葉など

自分のしたことの結果として身に受けるもの。お返し。

例 よいことをすれば、よい______がある。
罪の______を受ける。

077

名前を表す言葉など

いやがることやできないことを無理にやらせようとすること。

例 ______は逆効果だ。

078

名前を表す言葉など

❶よいことと、悪いこと。
❷よいとも悪いとも、簡単に決められないこと。考えもの。

例 ❶作品の______を見分ける。
❷勉強ばかりさせるのも______だ。

079

名前を表す言葉など

〔不平や不満など〕気にかかることが残ってさっぱりしないこと。

例 長い間の______が解けて、仲直りした。

080

名前を表す言葉など

とても短い間。

例 ろうそくの火は______に消えた。

073

名前を表す言葉など

目の前。
★「目の当たりにする」の形で、「直接はっきりと見る」の意味に使う。

例 事故を______にする（＝目の前で見る）。

074

名前を表す言葉など

見るだけの値打ちのあること。

例 ______のある試合。

075

名前を表す言葉など

❶こうなるだろうという予測。
❷〔よくなるという〕望み。

例 ❶______がはずれた。
❷この選手にはとても______がある。

076

動き（うごき）を表す（あらわす）言葉（ことば）

相反（あいはん）する

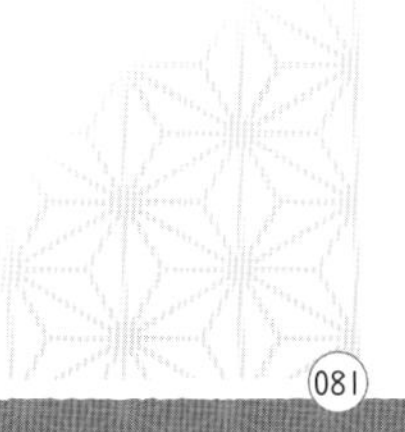

081

動き（うごき）を表す（あらわす）言葉（ことば）

仰（あお）ぐ

082

動き（うごき）を表す（あらわす）言葉（ことば）

あがめる

083

動き（うごき）を表す（あらわす）言葉（ことば）

明（あ）け暮（く）れる

084

動き（うごき）を表す（あらわす）言葉（ことば）

欺（あざむ）く

085

動き（うごき）を表す（あらわす）言葉（ことば）

あつらえる

086

動き（うごき）を表す（あらわす）言葉（ことば）

侮（あなど）る

087

動き（うごき）を表す（あらわす）言葉（ことば）

ありふれる

088

動きを表す言葉

たがいに対立する。

例 ＿＿＿意見が出される。

081

動きを表す言葉

❶上のほうを見る。
❷敬う。尊敬する。
❸〔教え・助けなどを〕求める。

例 ❶星を＿＿＿。 ❷先輩をテニスの師と＿＿＿。
❸先生の指示を＿＿＿。

082

動きを表す言葉

尊いものとして、敬う。尊敬する。

例 神仏を＿＿＿。

083

動きを表す言葉

何かに夢中になって時間を過ごすこと。あることに一生懸命になること。

例 育児に＿＿＿。

084

動きを表す言葉

❶〔信用させておいて〕だます。
❷《「…を(も)欺く」の形で》…とまちがえるほどである。

例 ❶おおかみが赤ずきんを＿＿＿。
❷大通りは昼を＿＿＿明るさだ。

085

動きを表す言葉

自分の希望どおりの品物を、たのんで作らせる。

例 ウエディングドレスを＿＿＿。

086

動きを表す言葉 類 さげすむ

〔相手の力などを〕軽く見る。

例 自分より弱いと相手を＿＿＿。

087

動きを表す言葉

どこにでもあって、めずらしくない。

例 ありふれている話。／ありふれた品。

088

動きを表す言葉

いきご
意気込む

089

動きを表す言葉

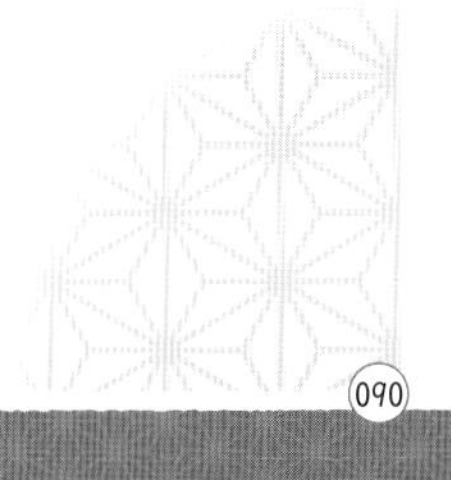

いさめる

090

動きを表す言葉

いた
至る

091

動きを表す言葉

いつわ
偽る

092

動きを表す言葉

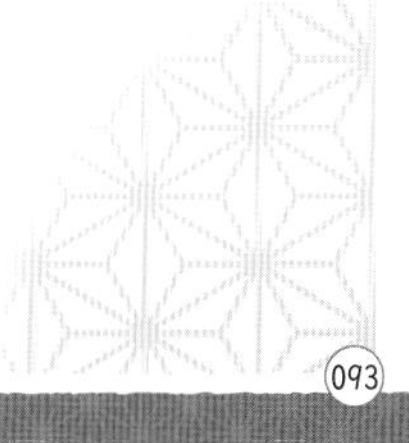

いまし
戒める

093

動きを表す言葉

い
癒やす

094

動きを表す言葉

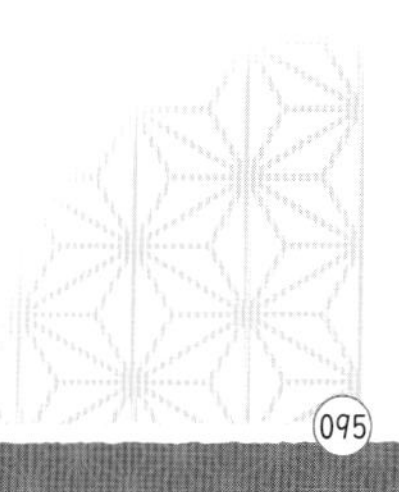

いろど
彩る

095

動きを表す言葉

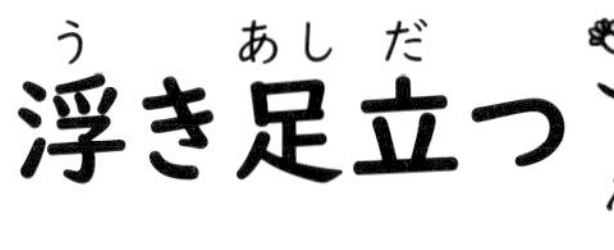

う あし だ
浮き足立つ

096

動きを表す言葉

❶ 前もって注意したり、禁じたりする。教えて、用心するようにさせる。

❷ しかる。こらしめる。

例 ❶ 自分を______。
❷ 約束を破ったことをきつく______。

093

動きを表す言葉

〔病気・苦しみ・なやみなどを〕なおす。

例 一日の疲れを______。

094

動きを表す言葉

❶ 色をつける。

❷ いろいろな色を合わせて、かざる。

例 ❶ 画用紙を青や緑で______。
❷ 秋の山をもみじが______。

095

動きを表す言葉

〔不安などで〕落ち着いていられなくなる。

例 みょうなうわさを聞いて、______。

096

動きを表す言葉

〔あることをしようと〕張り切る。

例 一位になろうと______。

089

動きを表す言葉

類 たしなめる

〔目上の人に〕まちがいや欠点などを、直すように言う。

例 主君を______。

090

動きを表す言葉

〔ある場所・時・状態・段階に〕行きつく。

例 東京より静岡に______道。
お年寄りから子どもに______まで人気の店。

091

動きを表す言葉

うそを言う。

例 年齢を______。

092

動（うご）きを表（あらわ）す言葉（ことば）

うごめく

097

動（うご）きを表（あらわ）す言葉（ことば）

失（う）せる

098

動（うご）きを表（あらわ）す言葉（ことば）

打（う）って変（か）わる

099

動（うご）きを表（あらわ）す言葉（ことば）

促（うなが）す

100

動（うご）きを表（あらわ）す言葉（ことば）

うなだれる

101

動（うご）きを表（あらわ）す言葉（ことば）

敬（うやま）う

102

動（うご）きを表（あらわ）す言葉（ことば）

羨（うらや）む

103

動（うご）きを表（あらわ）す言葉（ことば）

うろたえる

104

動きを表す言葉

類 うつむく

〔がっかりしたときや、悲しいときなどに〕頭を前に垂れる。

例 父にしかられて、弟が______。

101

動きを表す言葉

相手を立派だと思って、従おうという気持ちを持つ。尊敬する。

例 神を______。

102

動きを表す言葉

〔自分よりよく見える人の様子を見て〕自分もそうなりたいと思う。また、ねたましく思う。

例 人の成功を______。

103

動きを表す言葉

〔急な出来事に〕どうしてよいかわからず、あわてる。

例 父が大切にしている花びんを割ってしまい、______。

104

動きを表す言葉

〔いも虫などがはうように〕全体が絶えず小さく動く。

例 何かが______気配がする。

097

動きを表す言葉

なくなる。消える。

例 血の気が______。／気力が______。

098

動きを表す言葉

〔様子や態度が〕急に、すっかり変わる。

例 昨日とは打って変わっていい天気だ。

099

動きを表す言葉

❶ 早くするように言う。

❷ そうするように言う。

例 ❶ 返答を______。

❷ 注意を______。

100

動きを表す言葉

怖(お)じ気(け)付(づ)く

105

動きを表す言葉

推(お)し量(はか)る・推(お)し測(はか)る

106

動きを表す言葉

陥(おちい)る

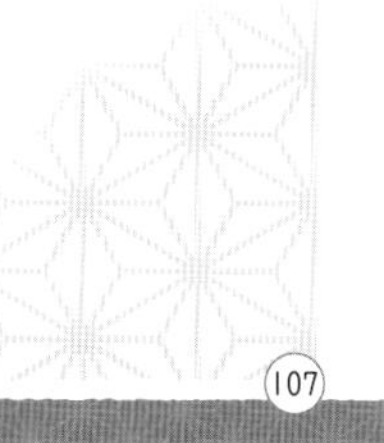

107

動きを表す言葉

劣(おと)る

108

動きを表す言葉

帯(お)びる

109

動きを表す言葉

思(おも)い余(あま)る

110

動きを表す言葉

及(およ)ぼす

111

動きを表す言葉

かさ張(ば)る

112

動きを表す言葉

そのような様子をしている。中にふくんで持つ。

例 丸みを帯びたほお。／熱気を帯びる。

109

動きを表す言葉

いくら考えてもよい考えがうかばず、困ってしまう。

例 思い余って先生に相談した。

110

動きを表す言葉

〔働きや影響などを〕行きわたらせる。およぶようにする。

例 台風が、作物に影響を______。

111

動きを表す言葉

〔重さの割に〕体積が大きくなる。

例 荷物が______。

112

動きを表す言葉

こわいという気持ちになる。

例 相手チームがとても強いと聞いて、______。

105

動きを表す言葉

わかっていることをもとにして、ほかのことをだいたいこうだろうと考える。

例 母の気持ちを______。

106

動きを表す言葉

❶ 悪い状態になる。
❷ 計略にかかる。

例 ❶ 意識不明に______。
❷ 相手の悪だくみに______。

107

動きを表す言葉

対 まさる

〔能力や値打ちなどが〕ほかと比べて低い。
★「…に劣らず」の形で「…と同じように」の意味に使う。

例 性能が劣る。／兄に劣らず弟もいい人です。

108

動(うご)きを表(あらわ)す言葉(ことば)

買(か)って出(で)る

113

動(うご)きを表(あらわ)す言葉(ことば)

兼(か)ねる

114

動(うご)きを表(あらわ)す言葉(ことば)

軽(かろ)んじる

115

動(うご)きを表(あらわ)す言葉(ことば)

切(き)り抜(ぬ)ける

116

動(うご)きを表(あらわ)す言葉(ことば)

食(く)い違(ちが)う

117

動(うご)きを表(あらわ)す言葉(ことば)

口籠(くちご)もる

118

動(うご)きを表(あらわ)す言葉(ことば)

口走(くちばし)る

119

動(うご)きを表(あらわ)す言葉(ことば)

覆(くつがえ)る

120

動きを表す言葉

ちがうところがあって、ぴたりと合わない。

例 ふたりの話が大きく＿＿＿。

117

動きを表す言葉

言葉がつかえてうまく言えない。言いしぶってはっきり言わない。

例 いきなり質問されて＿＿＿。

118

動きを表す言葉

〔余計なことなどを〕うっかり言ってしまう。無意識のうちに言う。

例 本音を＿＿＿。

119

動きを表す言葉

❶引っくり返る。

❷〔今までのものが打ち消されて〕すっかり変わる。

例 ❶波を受けて船が＿＿＿。
❷新しい証拠の出現によって、判決が＿＿＿。

120

動きを表す言葉

〔仕事・役割などを〕自分から進んで引き受ける。

例 みんながいやがる仕事を＿＿＿。

113

動きを表す言葉

一つのものが二つ以上の働きや性質を持つ。

例 学級委員と学年委員を＿＿＿。

114

動きを表す言葉

対 重んじる

価値のないものとして、軽く見る。

例 他人の意見を＿＿＿。

115

動きを表す言葉

苦しい立場から、力をつくしてぬけ出る。

例 危機を＿＿＿。

116

動きを表す言葉

くつろぐ

121

動きを表す言葉

企(くわだ)てる

122

動きを表す言葉

けなす

123

動きを表す言葉

こじれる

124

動きを表す言葉

異(こと)なる

125

動きを表す言葉

こらえる

126

動きを表す言葉

こわばる

127

動きを表す言葉

遮(さえぎ)る

128

動きを表す言葉

同じでない。ちがう。

例 姉とは趣味が＿＿＿。

125

動きを表す言葉

がまんする。

例 痛みをじっと＿＿＿。
泣き出しそうになるのを＿＿＿。

126

動きを表す言葉

〔緊張して〕かたくなる。

例 顔が＿＿＿。

127

動きを表す言葉

❶ 間にものを置いて、見えなくする。
❷ 間に入って、じゃまをする。

例 ❶ 木の枝が太陽の光を＿＿＿。
❷ 相手の言葉を＿＿＿。

128

動きを表す言葉

心や体をゆったりと楽にする。

例 家で＿＿＿。

121

動きを表す言葉

類 たくらむ

あることをしようと計画する。

例 反乱を＿＿＿。

122

動きを表す言葉

対 ほめる 類 そしる

悪く言う。

例 自信作をけなされて、がっかりした。

123

動きを表す言葉

❶ ことがらがもつれて、うまくいかなくなる。
❷ けがや病気が悪くなり、長引く。

例 ❶ 話が＿＿＿。
❷ かぜが＿＿＿。

124

動き（うご）を表す（あらわ）言葉（ことば）

授（さず）ける

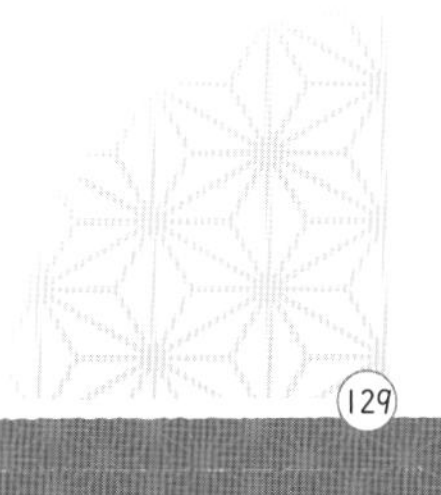

129

動き（うご）を表す（あらわ）言葉（ことば）

定（さだ）める

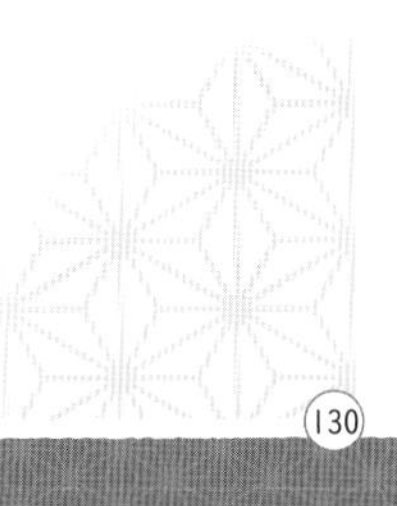

130

動き（うご）を表す（あらわ）言葉（ことば）

殺気立（さっきだ）つ

131

動き（うご）を表す（あらわ）言葉（ことば）

察（さっ）する

132

動き（うご）を表す（あらわ）言葉（ことば）

諭（さと）す

133

動き（うご）を表す（あらわ）言葉（ことば）

妨（さまた）げる

134

動き（うご）を表す（あらわ）言葉（ことば）

さまよう

135

動き（うご）を表す（あらわ）言葉（ことば）

強（し）いる

136

動きを表す言葉

〔目上の人が目下の人に〕よくわかるように言い聞かせる。

例 祖父が孫をやさしく______。

133

動きを表す言葉

物事が進むのを、じゃまする。

例 虫がねむりを______。／技術の進歩を______。

134

動きを表す言葉

❶ 当てもなく歩き回る。
❷ あちこち不安定に動く。

例 ❶ 道に迷って、山中を______。
❷ 生死の境を______。

135

動きを表す言葉

無理にさせる。おしつける。

例 参加を______。

136

動きを表す言葉

❶〔目上の人などが〕あたえる。
❷〔知識や特別のわざなどを〕教える。伝える。

例 ❶ 勲章を______。
❷ 知恵を______。

129

動きを表す言葉

決める。決定する。

例 法律を______。／ねらいを______。

130

動きを表す言葉

〔興奮して〕あらあらしい様子になる。

例 その場の全員が______。

131

動きを表す言葉

人の気持ちや物事の事情などを思いやる。

例 彼女の悲しみを______。

132

動きを表す言葉

慕う（したう）

137

動きを表す言葉

したためる

138

動きを表す言葉

滴る（したたる）

139

動きを表す言葉

しのぐ

140

動きを表す言葉

渋る（しぶる）

141

動きを表す言葉

仕向ける（しむける）

142

動きを表す言葉

廃れる（すたれる）

143

動きを表す言葉

ずば抜ける（ずばぬける）

144

動きを表す言葉

❶ 物事をするのをいやがる。

❷ 物事がすらすらとはかどらなくなる。

例 ❶ 返事を＿＿＿。／ハードルをとぶのを＿＿＿。
❷ 売れ行きが＿＿＿。

141

動きを表す言葉

あることをしようという気持ちにさせる。

例 おおかみが赤ずきんに、花をつむよう＿＿＿。

142

動きを表す言葉

行われなくなる。使われなくなる。はやらなくなる。

例 お手玉などの遊びは、近ごろ廃れてしまった。

143

動きを表す言葉

ふつうの程度を、はるかにこえる。

例 ずば抜けて、足が速い。

144

動きを表す言葉

❶ こいしく思う。なつかしく思う。

❷ 会いたくてあとを追う。

❸ 尊敬して、そうなりたいと思う。

例 ❶ 遠くに住む祖母を＿＿＿。
❷ 犬がぼくを＿＿＿。 ❸ 先生を＿＿＿。

137

動きを表す言葉

書き記す。

例 手紙を＿＿＿。

138

動きを表す言葉

しずくになって落ちる。

例 あせが＿＿＿。

139

動きを表す言葉

❶ ほかのものよりもすぐれる。

❷ こらえる。がまんして切りぬける。

例 ❶ 若者を＿＿＿元気なおじいさん。
❷ 寒さを＿＿＿。

140

動きを表す言葉

切羽詰まる（せっぱつ）

145

動きを表す言葉

属する（ぞく）

146

動きを表す言葉

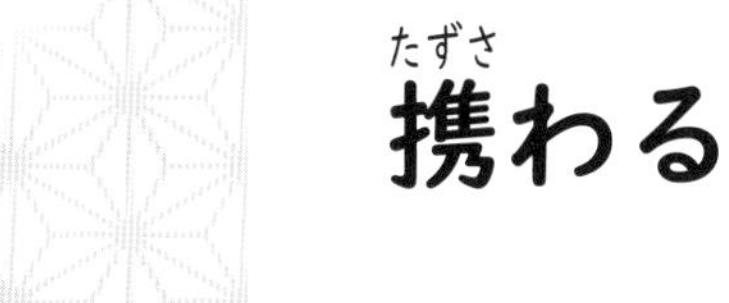

損なう（そこ）

147

動きを表す言葉

背ける（そむ）

148

動きを表す言葉

たしなめる

149

動きを表す言葉

たじろぐ

150

動きを表す言葉

携わる（たずさ）

151

動きを表す言葉

たたずむ

152

動きを表す言葉　類 いさめる、とがめる

〔相手のよくない行動を〕言葉でおだやかに注意する。

例 行儀の悪い子を______。

149

動きを表す言葉

相手の力や勢いにおされて、ひるむ。

例 相手の勢いに______。

150

動きを表す言葉

あることがらに関係する。あることに従って働く。

例 教育に______仕事。

151

動きを表す言葉

しばらく、立ち止まる。じっと立っている。

例 岸辺に______人がいる。

152

動きを表す言葉

どうにもしかたのない状態になる。

例 切羽詰まって、打ち明ける。

145

動きを表す言葉

ある種類や、同じ仲間に入っている。

例 水泳クラブに______。／イネ科に______植物。

146

動きを表す言葉

❶ ものをこわす。
❷ 悪くする。傷つける。損ねる。

例 ❶ 道具を______。
❷ 健康を______。

147

動きを表す言葉

〔顔や視線を〕あるものからはなして、よそに向ける。そらす。

例 こわくて思わず顔を______。

148

動き（うご）を表す（あらわ）言葉（ことば）

立（た）ちこめる

153

動き（うご）を表す（あらわ）言葉（ことば）

茶化（ちゃか）す

154

動き（うご）を表す（あらわ）言葉（ことば）

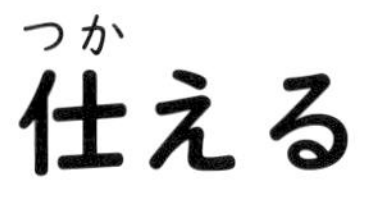

仕（つか）える

155

動き（うご）を表す（あらわ）言葉（ことば）

尽（つ）きる

156

動き（うご）を表す（あらわ）言葉（ことば）

尽（つ）くす

157

動き（うご）を表す（あらわ）言葉（ことば）

繕（つくろ）う

158

動き（うご）を表す（あらわ）言葉（ことば）

付（つ）け上（あ）がる

159

動き（うご）を表す（あらわ）言葉（ことば）

培（つちか）う

160

動きを表す言葉

❶〔力などを〕出し切る。

❷人のためになることをする。

❸ぎりぎりのところまで行う。

例 ❶全力を______。 ❷世のために______。
❸ぜいたくの限りを______。

157

動きを表す言葉

❶破れたものや、こわれたものを直す。

❷おかしくないように整える。

❸〔失敗や欠点を〕わからないようにする。

例 ❶靴下を______。 ❷身なりを______。
❸あわててその場を______。

158

動きを表す言葉

〔周りの人が、あまやかしたりおとなしかったりするのをいいことに〕自分の思いどおりに勝手なことをする。

例 やさしくすると、______。

159

動きを表す言葉

〔よい性質や力などを〕養って、育てる。

例 外国人と交流して国際感覚を______。

160

動きを表す言葉

〔けむりや霧などが〕辺り一面に広がる。

例 森に______白い霧。

153

動きを表す言葉

まじめなことをじょうだんにする。

例 兄はいつも人の話を______。

154

動きを表す言葉

主君・主人・目上の人などの（そばにいて）指図に従って働く。

例 殿様に______。

155

動きを表す言葉

終わる。すっかりなくなる。

例 話題が______。

156

動きを表す言葉

貫く（つらぬく）

161

動きを表す言葉

てこずる

162

動きを表す言葉

徹する（てっする）

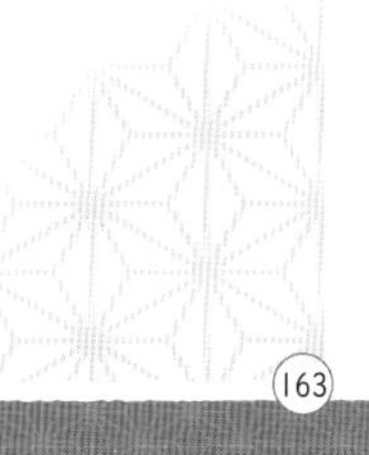

163

動きを表す言葉

手間取る（てまどる）

164

動きを表す言葉

とがめる

165

動きを表す言葉

解き放つ（ときはなつ）

166

動きを表す言葉

ときめく

167

動きを表す言葉

遂げる（とげる）

168

動きを表す言葉

あやまちや罪などを責める。また、あやしく思って問いただす。

例 人の不注意を＿＿＿。／警察官が不審者を＿＿＿。

165

動きを表す言葉

しばりつけていたものを自由にさせる。解き放す。

例 古いしきたりから解き放たれる。

166

動きを表す言葉

〔喜びや期待などで〕どきどきする。

例 あの人を思うと胸が＿＿＿。

167

動きを表す言葉

❶〔目指したことを〕すっかりやってしまう。果たす。
❷ある結果になる。

例 ❶まずは一勝するという目的を＿＿＿。
❷医学が進歩を＿＿＿。

168

動きを表す言葉

❶一つのはしから、反対のはしまでつき通す。
❷終わりまでやりぬく。成しとげる。

例 ❶山を＿＿＿トンネル。
❷初心を＿＿＿。

161

動きを表す言葉

あつかい方がわからなくて、困る。

例 泣く子に＿＿＿。

162

動きを表す言葉

❶しみ通る。　❷つらぬく。通す。
❸一つのことに心を注ぐ。打ち込む。

例 ❶くやしさが骨身に徹する。
❷工事は、夜を徹して行われた。
❸仕事に徹する。

163

動きを表す言葉

類 暇取る

〔物事をするのに〕時間がかかる。手数がかかる。

例 外出のしたくに＿＿＿。

164

動きを表す言葉

とどめる

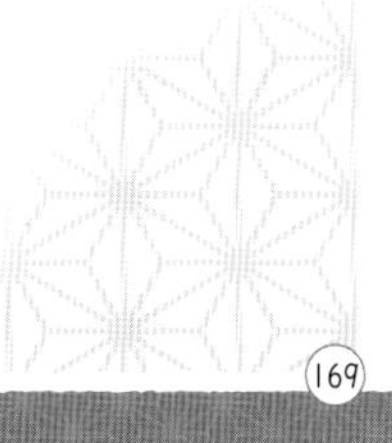

169

動きを表す言葉

戸惑う・途惑う

（とまどう・とまどう）

170

動きを表す言葉

伴う

（ともなう）

171

動きを表す言葉

なじむ

172

動きを表す言葉

ねぎらう

173

動きを表す言葉

念じる

（ねんじる）

174

動きを表す言葉

はぐらかす

175

動きを表す言葉

はにかむ

176

動きを表す言葉

人の苦労をなぐさめる。感謝していたわる。

例 部員の日ごろの努力を______。

(173)

動きを表す言葉

❶ こうありたいと心の中で思う。

❷ 心の中で神や仏にいのる。

例 ❶ 気づいてほしいと______。／合格を______。

❷ 仏壇の前で______。

(174)

動きを表す言葉

〔質問などに対して〕中心になる点をわざとさけて、ほかのことに話をそらす。ごまかす。

例 返事をそれとなく______。

(175)

動きを表す言葉

はずかしがる。はずかしそうな表情やそぶりをする。

例 はにかみながら自己紹介をした。

(176)

動きを表す言葉

❶ 動いていたものを止める。

❷ もとの形をあとに残す。

例 ❶ 桜を見るため、足を______。

❷ 昔のおもかげを______町。

(169)

動きを表す言葉

どうしたらよいかわからず、迷う。

例 初めての場所で______ばかりだ。

(170)

動きを表す言葉

❶ 連れて行く。また、ついて行く。

❷ ついて回る。同時に持つ。

例 ❶ ねこを伴って散歩に出る。

❷ 雨を伴う激しい風。

(171)

動きを表す言葉

❶ よく慣れて親しむ。

❷ 調和する。とけ合う。

例 ❶ クラスの仲間に______。

❷ 服が体に______。

(172)

動（うご）きを表（あらわ）す言葉（ことば）

張（は）り詰（つ）める

177

動（うご）きを表（あらわ）す言葉（ことば）

率（ひき）いる

178

動（うご）きを表（あらわ）す言葉（ことば）

ひしめく

179

動（うご）きを表（あらわ）す言葉（ことば）

冷（ひ）やかす

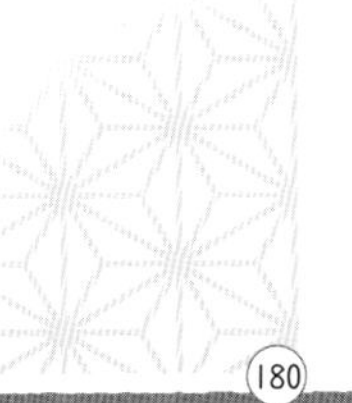

180

動（うご）きを表（あらわ）す言葉（ことば）

開（ひら）き直（なお）る

181

動（うご）きを表（あらわ）す言葉（ことば）

ひるむ

182

動（うご）きを表（あらわ）す言葉（ことば）

ふてくされる

183

動（うご）きを表（あらわ）す言葉（ことば）

踏（ふ）まえる

184

動きを表す言葉

観念して、ふてぶてしい態度をとる。

例 開き直って食べ続ける。

181

動きを表す言葉

〔相手の勢いにおされて〕弱気になる。こわいと思う気持ちになる。

例 大きな物音に、一瞬＿＿＿。

182

動きを表す言葉

不満があるため、わざと命令に従わなかったり、逆らったりする。

例 くどくどと説教されて＿＿＿。

183

動きを表す言葉

〔ある考えや事実などを〕よりどころにする。

例 前の日の学習を踏まえて、新しい問題を解く。

184

動きを表す言葉

❶すきまなく、一面に張る。
❷とても緊張する。

例 ❶湖に氷が張り詰める。
❷張り詰めていた気持ちがゆるむ。

177

動きを表す言葉

❶多くの人を連れて行く。
❷行動を指図する。

例 ❶桃太郎が鬼が島まで仲間を＿＿＿。
❷かんとくがチームを＿＿＿。

178

動きを表す言葉

大勢の人や多くのものが集まっておし合う。混雑してさわぐ。

例 たくさんの人が＿＿＿パーティー会場。

179

動きを表す言葉

❶相手が困ったりはずかしがったりするようなじょうだんを言う。からかう。
❷買う気がないのに品物を見たり値段を聞いたりする。

例 ❶むきになる弟を＿＿＿。 ❷店を＿＿＿。

180

動きを表す言葉

火(ほ)照(て)る

185

動きを表す言葉

待(ま)ち兼(か)ねる

186

動きを表す言葉

待(ま)ちわびる

187

動きを表す言葉

全(まっと)うする

188

動きを表す言葉

まつわる

189

動きを表す言葉

まとう

190

動きを表す言葉

惑(まど)わす

191

動きを表す言葉

見下(みくだ)す

192

動きを表す言葉

つながりがある。からむ。

例 地元に______話を聞く。

189

動きを表す言葉

巻きつける。包むようにして、身に着ける。また、着る。

例 舞台衣装を身に______。

190

動きを表す言葉

考えを乱して、どうしてよいかわからなくさせる。また、悪いことにさそう。

例 宣伝に惑わされないようにする。

191

動きを表す言葉

対 見上げる

相手を自分よりおとると思って、ばかにする。

例 人を______ような態度。

192

動きを表す言葉

顔や体などが熱くなる。また、そのように感じる。

例 はずかしくて顔が火のように______。

185

動きを表す言葉

長く待たされて、がまんできなくなる。また、今か今かと待つ。

例 自分の誕生日を______。

186

動きを表す言葉

類 待ち焦がれる

〔なかなか来ないので〕早く来ないかと気にしながら待つ。

例 孫の到着を______。

187

動きを表す言葉

最後まで、やりとげる。

例 自分の仕事を______。

188

動（うご）きを表（あらわ）す言葉（ことば）

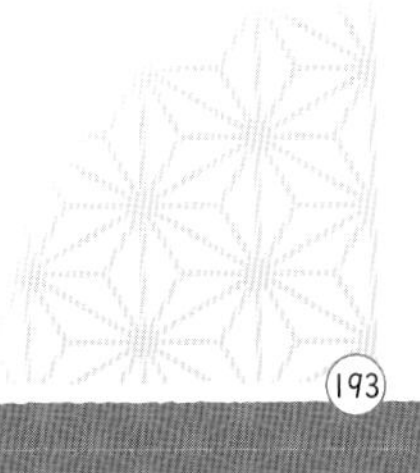

見過（みす）ごす

193

動（うご）きを表（あらわ）す言葉（ことば）

みなぎる

194

動（うご）きを表（あらわ）す言葉（ことば）

もたらす

195

動（うご）きを表（あらわ）す言葉（ことば）

持（も）て余（あま）す

196

動（うご）きを表（あらわ）す言葉（ことば）

基（もと）づく

197

動（うご）きを表（あらわ）す言葉（ことば）

宿（やど）る

198

動（うご）きを表（あらわ）す言葉（ことば）

よみがえる

199

動（うご）きを表（あらわ）す言葉（ことば）

悪（わる）びれる

200

動きを表す言葉

ある物事をもととする。土台とする。

例 事実に基づいて話す。

197

動きを表す言葉

❶〔あるものの〕中にとどまる。
❷腹の中に子どもができる。

例 ❶葉に夜つゆが______。
❷新しい命が______。

198

動きを表す言葉

❶死んだ人が生き返る。
❷生き生きした状態を取りもどす。
❸忘れていたものなどが思い出される。

例 ❶死者が______。 ❷終戦で平和が______。
❸昔の思い出が______。

199

動きを表す言葉

気おくれがしたりはずかしがったりして、決まり悪そうな様子を見せる。

例 ______様子もない。

200

動きを表す言葉

❶見ていながらそのままにする。見のがす。
❷見ていながらうっかりして気づかない。見落とす。

例 ❶今度ばかりは______わけにはいかない。
❷うっかりして、つい______。

193

動きを表す言葉

❶あふれるくらいに、いっぱいになる。
❷水がいっぱいになる。

例 ❶体に力がみなぎる。
❷雪解けの水が川にみなぎって流れる。

194

動きを表す言葉

❶持って行く。持って来る。
❷引き起こす。

例 ❶幸福を______。／❷台風が被害を______。

195

動きを表す言葉

どうあつかっていいか、わからなくなる。

例 空いた時間を______。

196

様子・気持ちを表す言葉

相次いで（あいつ）

201

様子・気持ちを表す言葉

あいにく

202

様子・気持ちを表す言葉

あからさま

203

様子・気持ちを表す言葉

飽き足りない（あ・た）

204

様子・気持ちを表す言葉

あくまで

205

様子・気持ちを表す言葉

浅はか（あさ）

206

様子・気持ちを表す言葉

鮮やか（あざ）

207

様子・気持ちを表す言葉

あたかも

208

様子・気持ちを表す言葉

一つのことが終わると、またすぐ次に。次々に。

例 同じような事件が______起こる。

201

様子・気持ちを表す言葉

都合が悪い様子。

例 訪ねて行ったが、______留守だった。
遠足の日なのに______の雨だ。

202

様子・気持ちを表す言葉

かくさず、はっきりわかる様子。

例 ______に、いやな顔をする。

203

様子・気持ちを表す言葉

満足できない。物足りない。飽き足らない。

例 この程度のできばえでは、まだ______。

204

様子・気持ちを表す言葉

最後まで。どこまでも。

例 ______不正を追及する。

205

様子・気持ちを表す言葉 類 軽薄、うすっぺら

考えの足りない様子。

例 それは______な考えだ。

206

様子・気持ちを表す言葉

❶〔色などが〕明るく、はっきりしている様子。
❷ 腕前がすぐれているさま。

例 ❶ ______な赤。
❷ ______な包丁さばき。

207

様子・気持ちを表す言葉

まるで。ちょうど。さながら。

例 彼女のひとみは、______黒い真珠のようだ。

208

厚(あつ)かましい

209

あっけない

210

あどけない

211

危(あぶ)なげない

212

あやふや

213

あらかじめ

214

あらわ

215

淡(あわ)い

216

様子・気持ちを表す言葉　類 不確実

確かでない様子。はっきりしない様子。

例 ＿＿＿な答え方をする。

213

様子・気持ちを表す言葉

前もって。前から。

例 会場の場所を＿＿＿調べておく。

214

様子・気持ちを表す言葉

はっきり外に出ている様子。

例 不快な気持ちを＿＿＿に示す。

215

様子・気持ちを表す言葉　対 濃い

❶〔色・味・かおりなどが〕うすい。

❷かすかな様子。

例 ❶＿＿＿青色にする。

❷＿＿＿期待をいだく。／＿＿＿光。

216

様子・気持ちを表す言葉

遠慮したり、はずかしいと思ったりする気持ちがない様子。ずうずうしい。

例 ＿＿＿たのみ。

209

様子・気持ちを表す言葉

思ったより簡単で、物足りないぐらい。

例 ＿＿＿結末をむかえる。

210

様子・気持ちを表す言葉

小さな子どものように、むじゃきでかわいらしい様子。

例 赤ちゃんの＿＿＿顔。

211

様子・気持ちを表す言葉

しっかりしていて、不安なところがない様子。

例 ＿＿＿運転で、安心だ。

212

様子・気持ちを表す言葉

慌(あわ)ただしい

217

様子・気持ちを表す言葉

あわや

218

様子・気持ちを表す言葉

あわよくば

219

様子・気持ちを表す言葉

いかにも

220

様子・気持ちを表す言葉

遺憾(いかん)なく

221

様子・気持ちを表す言葉

意固地(いこじ)

222

様子・気持ちを表す言葉

潔(いさぎよ)い

223

様子・気持ちを表す言葉

いたずらに

224

様子・気持ちを表す言葉

さしせまっていて、いそがしく、落ち着かない様子。

例 引っこしの準備で、家の中が______。

217

様子・気持ちを表す言葉

危なく。すんでのところ。

例 ______けんかになるところだった。
______ぶつかるところだった。

218

様子・気持ちを表す言葉

うまくいけば。

例 ______引き受けてもらえるかもしれない。
______もう一つせしめてやろう。

219

様子・気持ちを表す言葉

❶どう考えても。
❷〔相手の言葉に答えて〕確かに。

例 ❶ここでやめるのは、______残念だ。
❷______きみの言うとおりだ。

220

様子・気持ちを表す言葉

心残りなく、十分に。

例 努力の成果を______発揮した。

221

様子・気持ちを表す言葉

つまらないことにこだわって、意地を張ること。えこじ。

例 弟はすぐ______になる。

222

様子・気持ちを表す言葉

〔物事にいつまでもこだわらないで〕さっぱりしている様子。

例 ______態度を示す。

223

様子・気持ちを表す言葉

むだに。

例 ______時間を過ごしてしまった。

224

様子(ようす)・気持(きも)ちを表(あらわ)す言葉(ことば)

居(い)たたまれない

225

様子(ようす)・気持(きも)ちを表(あらわ)す言葉(ことば)

著(いちじる)しい

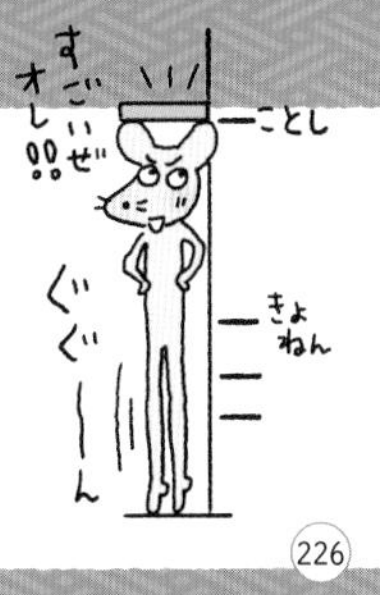

226

様子(ようす)・気持(きも)ちを表(あらわ)す言葉(ことば)

一斉(いっせい)に

227

様子(ようす)・気持(きも)ちを表(あらわ)す言葉(ことば)

いつに無(な)く

228

様子(ようす)・気持(きも)ちを表(あらわ)す言葉(ことば)

いとおしい

229

様子(ようす)・気持(きも)ちを表(あらわ)す言葉(ことば)

いぶかしい

230

様子(ようす)・気持(きも)ちを表(あらわ)す言葉(ことば)

忌(い)ま忌(い)ましい

231

様子(ようす)・気持(きも)ちを表(あらわ)す言葉(ことば)

言(い)わば

232

様子・気持ちを表す言葉

❶〔かけがえのない存在として〕大切に思う。かわいらしい。いとしい。

❷かわいそうだ。いとしい。

例 ❶孫が＿＿＿。
❷雨にぬれたねこが、＿＿＿。

229

様子・気持ちを表す言葉

どこか変なところがあって、あやしい。疑わしい。

例 話の内容に＿＿＿点がある。

230

様子・気持ちを表す言葉

くやしくて、腹が立つ様子。ふつう「いまいましい」と書く。

例 ＿＿＿思いをする欲張りじいさん。

231

様子・気持ちを表す言葉

言ってみれば。たとえて言えば。

例 彼にとって車は、＿＿＿足のようなものだ。

232

様子・気持ちを表す言葉

それ以上、その場所にいられないような気持ちであること。

例 はずかしすぎて＿＿＿。

225

様子・気持ちを表す言葉

目立って、はっきりしている。目立って、激しい。

例 ＿＿＿変化が見られる。

226

様子・気持ちを表す言葉

類 いちどきに

みんなそろって同時に。一緒にそろって。

例 せみが＿＿＿鳴き始めた。

227

様子・気持ちを表す言葉

いつもとちがって。

例 母は＿＿＿きげんが悪い。

228

様子・気持ちを表す言葉

後(うし)ろめたい

233

様子・気持ちを表す言葉

疑(うたが)わしい

234

様子・気持ちを表す言葉

鬱陶(うっとう)しい

235

様子・気持ちを表す言葉

うつろ

236

様子・気持ちを表す言葉

うやむや

237

様子・気持ちを表す言葉

うららか

238

様子・気持ちを表す言葉

大(おお)らか

239

様子・気持ちを表す言葉

奥床(おくゆか)しい

240

様子・気持ちを表す言葉

人に悪いことをしたと感じて、反省の気持ちやはずかしい思いを持つこと。

例 うそをついたので______。
妹のおやつを食べてしまい、______気持ちである。

233

様子・気持ちを表す言葉

❶ 本当かどうかはっきりしない。
❷ あやしい。

例 ❶ 実験の成功は______。
❷ 弟の______行動が気にかかる。

234

様子・気持ちを表す言葉

❶〔天気や気持ちなどが〕晴れ晴れしない。
❷〔ものがかぶさるようで〕じゃまになって、うるさい。

例 ❶ どんよりとくもった______天気だ。
❷ のびた髪が______。

235

様子・気持ちを表す言葉

何も考えないでぼんやりしていること。

例 ______な表情になる。

236

様子・気持ちを表す言葉

〔物事の筋道などが〕はっきりしないこと。

例 事件が______になる。

237

様子・気持ちを表す言葉

空がよく晴れて、明るく、のんびりとしていること。

例 ______な春の日。

238

様子・気持ちを表す言葉

気持ちが大きく、のびのびしていること。

例 ______な人がらが長所です。

239

様子・気持ちを表す言葉

上品で深みがあり、心が引かれる。

例 ______態度。／______人。

240

様子・気持ちを表す言葉

厳か（おごそか）

241

様子・気持ちを表す言葉

おっくう

242

様子・気持ちを表す言葉

おのずから（おのずと）

243

様子・気持ちを表す言葉

おびただしい

244

様子・気持ちを表す言葉

おぼつかない

245

様子・気持ちを表す言葉

おもむろに

246

様子・気持ちを表す言葉

おろそか

247

様子・気持ちを表す言葉

堅苦しい（かたくるしい）

248

様子・気持ちを表す言葉

❶しっかりしていなくて危ない。
❷〔うまくいくかどうか〕確かではない。

例 ❶ ＿＿足取り。
❷ このままでは成功は＿＿。

245

様子・気持ちを表す言葉

あわてずにゆっくりと。

例 校長先生は＿＿話し始めた。

246

様子・気持ちを表す言葉

物事をいいかげんにしておくこと。

例 学業を＿＿にする。

247

様子・気持ちを表す言葉

打ち解けず、きゅうくつである。

例 いかにも＿＿あいさつ。

248

様子・気持ちを表す言葉

きちんとしていて、重々しい様子。

例 ＿＿な儀式が行われる。

241

様子・気持ちを表す言葉

めんどうで、物事をする気持ちにならないこと。

例 こたつから出るのが＿＿だ。

242

様子・気持ちを表す言葉

ひとりでに。自然に。

例 まじめに勉強すれば＿＿成績も上がる。

243

様子・気持ちを表す言葉

❶〔数や量が〕とても多い。
❷〔物事の程度が〕たいへんひどい。

例 ❶ ＿＿数の鳥。
❷ 生意気で、にくらしいこと＿＿。

244

様子・気持ちを表す言葉

仮(かり)に

249

様子・気持ちを表す言葉

軽(かる)はずみ

250

様子・気持ちを表す言葉

辛(かろ)うじて

251

様子・気持ちを表す言葉

ぎこちない

252

様子・気持ちを表す言葉

きびきび

253

様子・気持ちを表す言葉

気(き)まぐれ

254

様子・気持ちを表す言葉

気(き)まずい

255

様子・気持ちを表す言葉

気(き)まま

256

様子・気持ちを表す言葉

❶ 間に合わせに。

❷ もしも。もしあったとして。

例 ❶ ＿＿建てた家。
❷ ＿＿飛行機で行くとすれば、旅費はいくらか。

249

様子・気持ちを表す言葉

深く考えずに、物事をすること。

例 ＿＿な言動をつつしむ。

250

様子・気持ちを表す言葉

もう少しでだめになりそうだったが。やっとのことで。ようやく。

例 盗塁は、＿＿セーフだった。

251

様子・気持ちを表す言葉

〔言葉や動作などが〕不自然である。なめらかでない。

例 包丁の持ち方が＿＿。

252

様子・気持ちを表す言葉 類 てきぱき、はきはき

〔態度・動作・言葉などが〕すばやく、はっきりしていること。

例 ＿＿と動く。

253

様子・気持ちを表す言葉 類 気分屋

そのときの気分や思いつきだけで物事をすること。

例 ＿＿を起こす。／＿＿な性格。

254

様子・気持ちを表す言葉

何となく気持ちがしっくりせず、いやな感じである。

例 ＿＿沈黙が続いた。

255

様子・気持ちを表す言葉

ほかの人のことを考えずに、そのときの自分の思うとおりにすること。

例 ひとり暮らしで、＿＿な生活を送っている。

256

様子(ようす)・気持(きも)ちを表(あらわ)す言葉(ことば)

気難(きむずか)しい

257

様子(ようす)・気持(きも)ちを表(あらわ)す言葉(ことば)

際(きわ)どい

258

様子(ようす)・気持(きも)ちを表(あらわ)す言葉(ことば)

極(きわ)めて

こっそりたべるヤツはダメなのじゃ!!

どんぐり

259

様子(ようす)・気持(きも)ちを表(あらわ)す言葉(ことば)

くどい

260

様子(ようす)・気持(きも)ちを表(あらわ)す言葉(ことば)

くれぐれも

261

様子(ようす)・気持(きも)ちを表(あらわ)す言葉(ことば)

けげん

262

様子(ようす)・気持(きも)ちを表(あらわ)す言葉(ことば)

現(げん)に

263

様子(ようす)・気持(きも)ちを表(あらわ)す言葉(ことば)

心置(こころお)きなく

264

様子・気持ちを表す言葉

念を入れて、たのんだり忠告したりする様子。くり返しくり返し。

例 ＿＿＿お体を大切になさってください。

261

様子・気持ちを表す言葉　類 不審

よくわからなくて、不思議に思う気持ち。

例 ＿＿＿な顔をする。

262

様子・気持ちを表す言葉

実際に。目の前に。

例 ＿＿＿この目で見たことだからまちがいない。

263

様子・気持ちを表す言葉

❶ 心配することなく。
❷ 遠慮なく。気をつかわないで。

例 ❶ 宿題を済ませてから＿＿＿遊ぼう。
❷ バイキングで＿＿＿食べる。

264

様子・気持ちを表す言葉

気に入られるようにするのが難しく、あつかいにくい様子。

例 あの先生は少し＿＿＿。

257

様子・気持ちを表す言葉

❶ もう少しで悪い状態になりそうな、ぎりぎりの様子。
❷〔時間などが〕ぎりぎりにせまっている。

例 ❶ ＿＿＿ところで、助かった。
❷ ＿＿＿ところでバスの時間に間に合った。

258

様子・気持ちを表す言葉

非常に。この上なく。とても。

例 おやつの分け方は＿＿＿重要な問題だ。

259

様子・気持ちを表す言葉

❶ いやになるほど、同じことを何度もくり返す様子。
❷ 味・色などが、こい。

例 ❶ 説明が＿＿＿。
❷ 味つけが＿＿＿。

260

こころぐる
心苦しい

265

様子・気持ちを表す言葉

こころ
心ない

266

様子・気持ちを表す言葉

こころ
心もとない

267

様子・気持ちを表す言葉

こぞって

268

様子・気持ちを表す言葉

ことごとく

269

様子・気持ちを表す言葉

ささい

270

様子・気持ちを表す言葉

さだ
定か

271

様子・気持ちを表す言葉

さっそうと

272

様子・気持ちを表す言葉

相手に対して、申し訳ないような気持ちである。

例 何から何まで世話になって＿＿＿。

265

様子・気持ちを表す言葉

考えが足りない様子。また、思いやりがないこと。

例 木の枝を折るとは＿＿＿ことをするものだ。

266

様子・気持ちを表す言葉

たよりなくて安心できない。

例 妹とふたりだけで電車に乗るのは、＿＿＿。

267

様子・気持ちを表す言葉

みんなそろって。我先に。

例 家族が＿＿＿、見送ってくれた。

268

様子・気持ちを表す言葉

そこにあるもの、全部。すべて。

例 スピーチの内容を＿＿＿忘れてしまった。

269

様子・気持ちを表す言葉

わずか。ちょっとしたこと。

例 そんなことは＿＿＿な問題だ。

270

様子・気持ちを表す言葉

はっきりしていること。確かなこと。

例 正しい情報かどうか＿＿＿ではない。

271

様子・気持ちを表す言葉

〔姿・態度・行いなどが〕すっきりとして、かっこいいこと。

例 優勝した選手が＿＿＿歩く。

272

様子・気持ちを表す言葉

さほど

273

様子・気持ちを表す言葉

さりげない

274

様子・気持ちを表す言葉

しきりに

275

様子・気持ちを表す言葉

次第に

276

様子・気持ちを表す言葉

したたか

277

様子・気持ちを表す言葉

忍びない

278

様子・気持ちを表す言葉

しばしば

279

様子・気持ちを表す言葉

しみじみ

280

様子・気持ちを表す言葉

❶ 手ごわくて、思うままにあつかえないこと。

❷ ひどく。強く。

例 ❶ ______な交渉相手。
❷ 相撲で投げられ、腰を______打った。

277

様子・気持ちを表す言葉

かわいそうで、たえられない。がまんできない。

例 見捨てるには______。

278

様子・気持ちを表す言葉

何度も。たびたび。

例 童話に______登場する動物。

279

様子・気持ちを表す言葉

❶ 深く心に感じる様子。

❷ 静かで落ち着いた様子。

例 ❶ 家族のありがたさを______知った。
❷ ふたりで______と話をした。

280

様子・気持ちを表す言葉

それほど。たいして。

例 この問題は______難しくはない。

273

様子・気持ちを表す言葉

わざとらしくなく、何気ない。

例 友だちの______気づかいがうれしかった。

274

様子・気持ちを表す言葉

❶ 何度も。たびたび。

❷ 程度や度合いが強いこと。熱心に。

例 ❶ 犬が______ほえている。
❷ 先ほどから______考え込んでいる。

275

様子・気持ちを表す言葉

物事が少しずつ変わること。だんだんと。

例 サイレンの音が______近づいてくる。

276

様子（ようす）・気持（きも）ちを表（あらわ）す言葉（ことば）

白白（しらじら）しい（白々（しらじら）しい）

いいえ、たべてませんよ？

もぐもぐ

281

様子（ようす）・気持（きも）ちを表（あらわ）す言葉（ことば）

知（し）らず知（し）らず

282

様子（ようす）・気持（きも）ちを表（あらわ）す言葉（ことば）

ずうずうしい

283

様子（ようす）・気持（きも）ちを表（あらわ）す言葉（ことば）

すかさず

284

様子（ようす）・気持（きも）ちを表（あらわ）す言葉（ことば）

すがすがしい

285

様子（ようす）・気持（きも）ちを表（あらわ）す言葉（ことば）

少（すく）なくとも

5こはたべたい!! いや、たべる!!

ぐぅぅー

286

様子（ようす）・気持（きも）ちを表（あらわ）す言葉（ことば）

せいぜい

287

様子（ようす）・気持（きも）ちを表（あらわ）す言葉（ことば）

切（せつ）ない

プルプル プルプル

288

様子・気持ちを表す言葉

気分がさっぱりとして、気持ちがよいこと。

例 ____朝。／____表情で立ち去る。

285

様子・気持ちを表す言葉

❶ 少なく考えても。

❷ ほかのことはないとしても、せめて。

例 ❶ 空腹を満たすには、____五個は必要だ。
❷ ____、宿題だけは忘れずにしよう。

286

様子・気持ちを表す言葉

❶ できるだけ。精一杯。

❷ 多く考えても。

例 ❶ ____おまけいたします。
❷ 川の深さは____三十センチメートルだ。

287

様子・気持ちを表す言葉

さびしかったり、悲しかったりして、胸がしめつけられるように、つらい。

例 わかり合えないことが____。／____片思い。

288

様子・気持ちを表す言葉

❶ 知っているくせに、知らないふりをする様子。

❷ はっきりそうだとわかる様子。また、うそだとわかっているのに平気でいる様子。

例 ❶ ____態度。 ❷ ____うそをつく。

281

様子・気持ちを表す言葉

知らないうちに。いつの間にか。

例 物語を読んでいるうちに、____なみだがこぼれていた。

282

様子・気持ちを表す言葉

ほかの人の迷惑を考えず、自分のしたいことを平気でする様子。

例 あんなことをするなんて、____人だ。

283

様子・気持ちを表す言葉

間を置かないで、すぐに。

例 呼ばれて、____返事をする。

284

様子・気持ちを表す言葉

せめて

289

様子・気持ちを表す言葉

せわしい（せわしない）

290

様子・気持ちを表す言葉

即座（そくざ）に

291

様子・気持ちを表す言葉

そぐわない

292

様子・気持ちを表す言葉

そそくさ

293

様子・気持ちを表す言葉

大（だい）それた

294

様子・気持ちを表す言葉

絶（た）えず

295

様子・気持ちを表す言葉

類（たぐ）いまれ

296

様子・気持ちを表す言葉

落ち着かず、いそがしそうに動くこと。

例 客は＿＿＿と出ていった。

293

様子・気持ちを表す言葉

正しい筋道からひどくはずれた。また、能力や身分をわきまえない。とんでもない。

例 ＿＿＿考えを持つ。

294

様子・気持ちを表す言葉

〔ある状態や動きが〕止まることなく、続くこと。

例 ＿＿＿ほほえみをうかべている。

295

様子・気持ちを表す言葉

同じ程度のものがほとんどないほど、すぐれている印象。

例 詩人としての＿＿＿な才能。

296

様子・気持ちを表す言葉

十分ではないが、それだけでもよいからという気持ち。少なくとも。

例 ＿＿＿もう一度、会いたい。

289

様子・気持ちを表す言葉

❶ ひまが少ない。いそがしい。
❷ 落ち着きがない。せかせかしている。

例 ❶ せわしい日々を送る。
❷ 辺りをせわしく見回す。

290

様子・気持ちを表す言葉

その場で、すぐ。

例 問われたことに＿＿＿答える。

291

様子・気持ちを表す言葉

似合わない。ふさわしくない。ぴったりと合わない。

例 山登りに＿＿＿かっこう。

292

様子・気持ちを表す言葉

巧み（たくみ）

297

様子・気持ちを表す言葉

直ちに（ただちに）

298

様子・気持ちを表す言葉

ただならぬ

299

様子・気持ちを表す言葉

立ち所に（たちどころに）

300

様子・気持ちを表す言葉

たどたどしい

301

様子・気持ちを表す言葉

たびたび

302

様子・気持ちを表す言葉

たやすい

303

様子・気持ちを表す言葉

たわいない

304

様子・気持ちを表す言葉

上手でなく、つっかえて、危なっかしい。確かでない。

例 緊張のあまり＿＿＿話し方になった。

301

様子・気持ちを表す言葉

同じことが、何回もくり返される様子。しばしば。何度も。

例 去年は＿＿＿動物園に行った。

302

様子・気持ちを表す言葉

易しい。簡単である。

例 あなたが考えているほど＿＿＿仕事ではない。

303

様子・気持ちを表す言葉

❶ 張り合いがない。手応えがない。
❷ 深い考えがない。
★❶❷とも、「たあいない」ともいう。

例 ❶ たわいなく言い負かされた。
　 ❷ たわいない話をする。

304

様子・気持ちを表す言葉

物事のやり方などが上手である。

例 自分の体を＿＿＿に操る。

297

様子・気持ちを表す言葉

時間を置かず、すぐに行うこと。

例 ＿＿＿出発する。

298

様子・気持ちを表す言葉

ふつうではない。

例 ＿＿＿音で目を覚ました。

299

様子・気持ちを表す言葉

その場で、すぐに。ふつう「たちどころに」と書く。

例 彼女は事件を＿＿＿解決した。

300

様子・気持ちを表す言葉

月並み

305

様子・気持ちを表す言葉

つくづく

306

様子・気持ちを表す言葉

つぶさに

307

様子・気持ちを表す言葉

つれない

308

様子・気持ちを表す言葉

手当たり次第

309

様子・気持ちを表す言葉

てき面

310

様子・気持ちを表す言葉

てっきり

311

様子・気持ちを表す言葉

遠からず

312

様子・気持ちを表す言葉

手にふれるものは何でも片っぱしから。

例 ＿＿＿においをかぐ。

309

様子・気持ちを表す言葉

効き目やしるしがすぐに表れること。

例 注射の効果は＿＿＿だった。

310

様子・気持ちを表す言葉

まちがいなく。きっと。

例 ＿＿＿週末だと思っていたら、平日だった。

311

様子・気持ちを表す言葉

まもなく。近いうちに。

例 ＿＿＿解決するだろう。

312

様子・気持ちを表す言葉

どこにでもあって、おもしろみのないこと。平凡。

例 あまりにも＿＿＿な表現だ。

305

様子・気持ちを表す言葉

❶ 細かいところも見落とさないように、じっと見るやり方。
❷ 身にしみて深く感じる気持ち。

例 ❶ 鏡に映る顔を＿＿＿と見た。
❷ やっておけばよかったと＿＿＿思った。

306

様子・気持ちを表す言葉

細かく。くわしく。

例 事件を＿＿＿調べる。

307

様子・気持ちを表す言葉

無関心で、思いやりがない。

例 つれないそぶりをする。／つれなく断る。

308

様子(ようす)・気持(きも)ちを表(あらわ)す言葉(ことば)

取(と)り留(と)めのない

313

様子(ようす)・気持(きも)ちを表(あらわ)す言葉(ことば)

投(な)げやり

314

様子(ようす)・気持(きも)ちを表(あらわ)す言葉(ことば)

和(なご)やか

315

様子(ようす)・気持(きも)ちを表(あらわ)す言葉(ことば)

生生(なまなま)しい（生々(なまなま)しい）

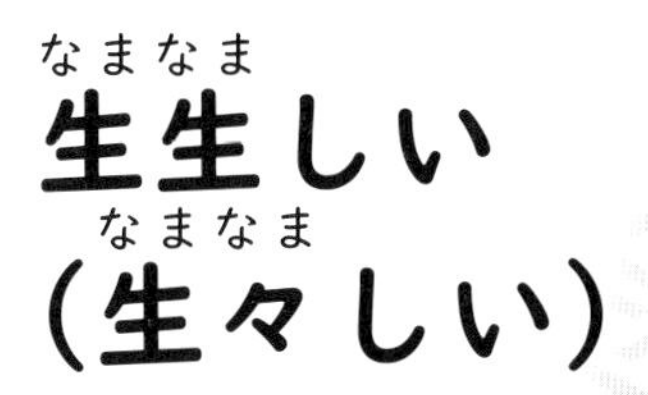

316

様子(ようす)・気持(きも)ちを表(あらわ)す言葉(ことば)

涙(なみだ)ぐましい

317

様子(ようす)・気持(きも)ちを表(あらわ)す言葉(ことば)

にわか

318

様子(ようす)・気持(きも)ちを表(あらわ)す言葉(ことば)

念入(ねんい)り

319

様子(ようす)・気持(きも)ちを表(あらわ)す言葉(ことば)

のどか

320

様子・気持ちを表す言葉

はっきりとしたまとまりのない様子。「取り留めない」ともいう。

例 ＿＿おしゃべりを続ける。

313

様子・気持ちを表す言葉

❶〔しなくてはならないことを〕そのままにして放っておく様子。やりっ放し。
❷無責任な気持ちや態度を持つ印象。

例 ❶＿＿にしておく。 ❷＿＿な返事。

314

様子・気持ちを表す言葉

気分がやわらいで、おだやかな様子。

例 ＿＿な雰囲気の集まり。

315

様子・気持ちを表す言葉

今起こったばかりのように、新しいこととして、感じられる印象。

例 ＿＿傷痕を残している。

316

様子・気持ちを表す言葉

〔同情したり感心したりして〕なみだが出そうになる気持ち。

例 ＿＿努力の成果が出る。

317

様子・気持ちを表す言葉

❶物事が急に起こる様子。
❷物事に対する反応が早い様子。

例 ❶雲が切れて、辺りが＿＿に明るくなった。
❷＿＿には賛成できない。

318

様子・気持ちを表す言葉

細かく、ていねいに物事をする様子。

例 ＿＿にそうじをする。

319

様子・気持ちを表す言葉

❶〔心持ちや動作などが〕のびのびしておだやかな様子。
❷〔空が晴れて〕おだやかな様子。

例 ❶広い牧場で牛が＿＿に草を食べている。
❷＿＿な春の一日。

320

様子(ようす)・気持(きも)ちを表(あらわ)す言葉(ことば)

歯(は)がゆい

321

様子(ようす)・気持(きも)ちを表(あらわ)す言葉(ことば)

計(はか)り知(し)れない・測(はか)り知(し)れない

322

様子(ようす)・気持(きも)ちを表(あらわ)す言葉(ことば)

漠然(ばくぜん)と

323

様子(ようす)・気持(きも)ちを表(あらわ)す言葉(ことば)

ひそか

324

様子(ようす)・気持(きも)ちを表(あらわ)す言葉(ことば)

ひた向(む)き

325

様子(ようす)・気持(きも)ちを表(あらわ)す言葉(ことば)

引(ひ)っ切(き)り無(な)し

326

様子(ようす)・気持(きも)ちを表(あらわ)す言葉(ことば)

ひとしきり

327

様子(ようす)・気持(きも)ちを表(あらわ)す言葉(ことば)

ふがいない

328

様子・気持ちを表す言葉

ただそのことだけに、一生懸命になる様子。

例 ＿＿＿な姿。

325

様子・気持ちを表す言葉

切れ目なく続くこと。

例 となりのコンビニには客が＿＿＿に来る。

326

様子・気持ちを表す言葉

しばらくの間（さかんに）続くこと。しばらくの間。

例 ＿＿＿風がふく。

327

様子・気持ちを表す言葉

意気地がない。情けない。

例 これくらいでばてるなんて＿＿＿。

328

様子・気持ちを表す言葉

物事が思うようにならず、いらいらしたり、くやしかったりする気持ちである。

例 はっきりと意見を言わない友だちの態度に、＿＿＿思いをする。

321

様子・気持ちを表す言葉

想像もできない。考えもおよばない。

例 世の中に＿＿＿影響をおよぼした出来事。
残された家族の悲しみは、＿＿＿。

322

様子・気持ちを表す言葉

ぼんやりしてはっきりしない様子。

例 ＿＿＿した説明で、よくわからない。

323

様子・気持ちを表す言葉

人に知られないように物事を進めること。こっそり。

例 彼のことを＿＿＿に思っている。

324

様子(ようす)・気持(きも)ちを表(あらわ)す言葉(ことば)

ふさわしい

329

様子(ようす)・気持(きも)ちを表(あらわ)す言葉(ことば)

不確(ふたし)か

330

様子(ようす)・気持(きも)ちを表(あらわ)す言葉(ことば)

ぶっきら棒(ぼう)

331

様子(ようす)・気持(きも)ちを表(あらわ)す言葉(ことば)

不慣(ふな)れ

332

様子(ようす)・気持(きも)ちを表(あらわ)す言葉(ことば)

ぼう然(ぜん)と

333

様子(ようす)・気持(きも)ちを表(あらわ)す言葉(ことば)

ほのか

334

様子(ようす)・気持(きも)ちを表(あらわ)す言葉(ことば)

紛(まぎ)らわしい

335

様子(ようす)・気持(きも)ちを表(あらわ)す言葉(ことば)

正(まさ)しく

336

様子・気持ちを表す言葉

おどろきあきれて、ぼんやりする。

例 ショックのあまり______立ちつくす。

333

様子・気持ちを表す言葉

〔わずかで〕はっきりと区別できない。かすか。

例 シャンプーの______ないいかおり。

334

様子・気持ちを表す言葉

よく似ていて、まちがえやすい。見分けがつきにくい。

例 よく似ていて______。

335

様子・気持ちを表す言葉

確かに。まちがいなく。

例 あれは、______母の笑い声だ。

336

様子・気持ちを表す言葉

よくつり合っていて適切である。

例 この役には、彼が最も______。

329

様子・気持ちを表す言葉

対 確か

確かでない。はっきりしない。

例 ______な情報。／______な記憶をたどる。

330

様子・気持ちを表す言葉

話し方や態度が無愛想なこと。

例 ______な返事。

331

様子・気持ちを表す言葉

慣れていないで、失敗しそうなこと。

例 父は自動車の運転にまだ______だ。

332

様子・気持ちを表す言葉

回(まわ)りくどい

337

様子・気持ちを表す言葉

漫然(まんぜん)と

338

様子・気持ちを表す言葉

みだりに

339

様子・気持ちを表す言葉

見(み)るからに

340

様子・気持ちを表す言葉

向(む)こう見(み)ず

341

様子・気持ちを表す言葉

むやみ

342

様子・気持ちを表す言葉

もっての外(ほか)

343

様子・気持ちを表す言葉

もっともらしい

344

様子・気持ちを表す言葉

あとのことを考えず、むちゃなことをすること。

例 ______な挑戦をしてみた。

341

様子・気持ちを表す言葉

❶深く考えないで、物事をすること。

❷ふつうの程度をこしていること。

例 ❶______に人を信じて、だまされた。
❷______にかわいがる。

342

様子・気持ちを表す言葉

［常識では考えられないほど］あってはならないこと。

例 練習をまったくしないなんて、______だ。

343

様子・気持ちを表す言葉

❶いかにも理屈に合っているように見える。本当らしい。

❷いかにも、もったいぶった様子である。

例 ❶______うそをつく。
❷父は、______顔で話し始めた。

344

様子・気持ちを表す言葉

遠回りでめんどうだ。余計なことが多くてじれったい。

例 ______話を聞かされる。

337

様子・気持ちを表す言葉

特に目当てもなく、何となく物事をする様子。ぼんやりとしている様子。

例 ______毎日を送る。／______風景をながめる。

338

様子・気持ちを表す言葉

よく考えないで。勝手に。むやみに。

例 ______花だんの花をつんではいけない。

339

様子・気持ちを表す言葉

ちょっと見ただけでも。

例 ______元気そうな、血色のよい顔をしていた。

340

専（もっぱ）ら

345

もどかしい

346

矢継（やつ）ぎ早（ばや）

347

やましい

348

やる瀬無（せな）い

349

よそよそしい

350

流（りゅう）ちょう

351

煩（わずら）わしい

352

様子・気持ちを表す言葉

気持ちを晴らす方法がなくて、苦しい気持ち。ふつう「やるせない」と書く。

例 ______気持ちを持て余す。

349

様子・気持ちを表す言葉

〔今まで親しくしていたような〕親しみを見せない。知らない人同士のように、冷淡である。

例 久しぶりに会ったせいか、何となく______。

350

様子・気持ちを表す言葉

すらすらと流れるように言葉が出ること。

例 ______な英語で話す。

351

様子・気持ちを表す言葉

めんどうで、気が進まない感じである。また、手間がかかって、めんどうである。

例 いろいろ質問されるのが______。
長時間並ぶのは______。

352

様子・気持ちを表す言葉

〔ほかのことはしないで〕そのことだけをする様子。

例 ______、サッカーの練習をしている。

345

様子・気持ちを表す言葉

物事が思うようにならず、いらいらする気持ちである。

例 自分の気持ちをうまく伝えられなくて、______。

346

様子・気持ちを表す言葉

物事をすばやく、続け様にすること。

例 記者が______に質問する。

347

様子・気持ちを表す言葉

自分の心にはじるところがあって、後ろ暗い。気が引ける。

例 ______ことをしてしまった。

348

二字熟語（にじじゅくご）

あいちゃく
愛着

353

二字熟語（にじじゅくご）

あいまい
曖昧

354

二字熟語（にじじゅくご）

あいよう
愛用

355

二字熟語（にじじゅくご）

あくよう
悪用

356

二字熟語（にじじゅくご）

あっかん
圧巻

357

二字熟語（にじじゅくご）

あんがい
案外

358

二字熟語（にじじゅくご）

いあつ
威圧

359

二字熟語（にじじゅくご）

いじ
維持

360

二字熟語

全体の中で、最もすぐれている部分や場面。

例 あの映画のラストシーンは＿＿＿だった。

357

二字熟語 類 意外

物事の程度が、思っていた予測をはずれている。

例 まじめそうに見えて、＿＿＿おもしろい子だ。

358

二字熟語 類 圧迫

力や勢いで、人の心をおさえつけること。

例 大きな声に＿＿＿された。

359

二字熟語

ある状態をそのまま保ち続けること。

例 健康を＿＿＿する。

360

二字熟語

強く心を引かれて、はなれられないこと。

例 ＿＿＿のある古いかばん。／＿＿＿がわく。

353

二字熟語

どちらとも決まらなくて、ぼんやりしている。はっきりしない。

例 ＿＿＿な答え方をする。

354

二字熟語

特に好きで、いつも使うことやもの。

例 ＿＿＿のカメラ。

355

二字熟語 対 善用

〔正しい目的や使い道からはずれて〕悪いことに使うこと。

例 データを＿＿＿する。

356

二字熟語

いしょく
異色

361

二字熟語

いちやく
一躍

362

二字熟語

いっさい
一切

363

二字熟語

いと
意図

364

二字熟語

いとぐち
糸口

365

二字熟語

いんしょう
印象

366

二字熟語

うらはら
裏腹

367

二字熟語

えいきょう
影響

368

二字熟語

物事のはじめ。手がかり。

例 事件を解決する______が見つかった。

365

二字熟語

心に（強く）受けた感じ。心に強く感じた（忘れられない）こと。

例 よい______をあたえる。／よい______が残る。

366

二字熟語

表面からかくれた部分で正反対であること。

例 言葉とは______な行動。

367

二字熟語

あるものの働きが、ほかのものに変化をあたえること。

例 台風の______で、列車がおくれた。
祖父母の______を受ける。

368

二字熟語

ふつうとは特別にちがうところがあること。

例 ______の作品を生み出す。

361

二字熟語

順番をとびこしてはっきりと進むこと。

例 チャンピオンをたおして______有名になった。

362

二字熟語

❶ 一つ残らず、全部。
❷ まったく。少しも。

例 ❶ ______をきみに任せる。
❷ ______ねていないので、くまができてしまった。

363

二字熟語

あることをしようと考えること。めざした考え。

例 ______したこととちがう結果になった。

364

二字熟語

えしゃく
会釈

369

二字熟語

えんかつ
円滑

370

二字熟語

おうちゃく
横着

371

二字熟語

がいけん
外見

372

二字熟語

かいひ
回避

373

二字熟語

かくう
架空

374

二字熟語

かんしょう
干渉

375

二字熟語

かんだい
寛大

376

二字熟語

悪い状態にならないように、さけること。

例 危険を＿＿＿する。

373

二字熟語

人の頭の中だけで考え出した（実際にはない）こと。

例 ＿＿＿の動物。

374

二字熟語

自分と直接関係のないことに立ち入って、でしゃばること。

例 他人のことに＿＿＿するな。

375

二字熟語

許す心が広く、思いやりがあること。

例 ＿＿＿な心を持つ。

376

二字熟語

軽くおじぎをすること。

例 彼らはたがいに＿＿＿をした。

369

二字熟語

物事が、すらすらと進む様子。なめらか。

例 話し合いは＿＿＿に進められた。

370

二字熟語

苦労をせずに、得をしようとすること。ずうずうしくて、ずるいこと。

例 ＿＿＿を決め込む（＝ずうずうしく構える）。

371

二字熟語

外から見た様子。外観。

例 ＿＿＿はこわそうだが根はやさしい人。

372

二字熟語

がんぼう
願望

377

二字熟語

きはく
気迫

378

二字熟語

きばつ
奇抜

379

二字熟語

きゅうげき
急激

380

二字熟語

きょうかん
共感

381

二字熟語

きょくたん
極端

382

二字熟語

きょひ
拒否

383

二字熟語

きりょく
気力

384

二字熟語　類 同感、共鳴

ほかの人の考えや意見・気持ちなどを、同じように感じられること。また、その気持ち。

例 物語の主人公に＿＿＿を覚える。

381

二字熟語　類 極度

考え方や行いなどが、非常にかたよっていること。

例 ＿＿＿な考えを持つ。

382

二字熟語　対 受諾　類 拒絶

提案や希望を断ること。

例 話し合いを＿＿＿する。

383

二字熟語　類 精神力

物事をやりとげようとする（強い）気持ち。

例 疲れて、続ける＿＿＿を失った。

384

二字熟語　類 希望、念願

願い、望むこと。また、その願いや、望み。

例 変身したいという＿＿＿がある。

377

二字熟語

〔何ものをもおそれない〕見てわかるほどの強い気力。意気込み。

例 リーダーの＿＿＿におされて、うなずいた。

378

二字熟語

ふつうのものに比べて、とても変わっている様子。

例 ＿＿＿な服装で出かける。

379

二字熟語　類 急速

〔物事の変化や動きが〕突然で、激しい様子。

例 気温が＿＿＿に下がった。

380

二字熟語

ぎわく
疑惑

385

二字熟語

きんとう
均等

386

二字熟語

ぎんみ
吟味

387

二字熟語

くしん
苦心

388

二字熟語

くちょう
口調

389

二字熟語

くつじょく
屈辱

390

二字熟語

けいか
経過

391

二字熟語

けいかい
警戒

392

二字熟語　類 語気(ごき)

ものの言(い)い方(かた)。言葉(ことば)の調子(ちょうし)。

例 やさしい＿＿＿で話(はな)しかける。

389

二字熟語　類 恥辱(ちじょく)

くやしく思(おも)えるような、他人(たにん)から受(う)けるはずかしさ。

例 ＿＿＿にじっとたえる。

390

二字熟語　類 過程(かてい)、成(な)り行(ゆ)き

時(とき)とともに物事(ものごと)が移(うつ)り変(か)わっていく様子(ようす)。

例 手術後(しゅじゅつご)の＿＿＿はとてもよい。

391

二字熟語

〔犯罪(はんざい)や災害(さいがい)など〕よくないことが起(お)こらないように、用心(ようじん)し、備(そな)えること。

例 周囲(しゅうい)を＿＿＿する。

392

二字熟語　類 疑念(ぎねん)

疑(うたが)って、あやしく思(おも)うこと。

例 ＿＿＿の目(め)で見(み)る。

385

二字熟語

差(さ)がなくて、どれも等(ひと)しいこと。

例 ケーキを＿＿＿に分(わ)ける。

386

二字熟語

内容(ないよう)や質(しつ)などをよく調(しら)べること。

例 材料(ざいりょう)を＿＿＿する。

387

二字熟語

いろいろと考(かんが)えて工夫(くふう)すること。

例 ＿＿＿して詩(し)を作(つく)る。

388

二字熟語

けいこう
傾向

393

二字熟語

けいぞく
継続

394

二字熟語

けっそく
結束

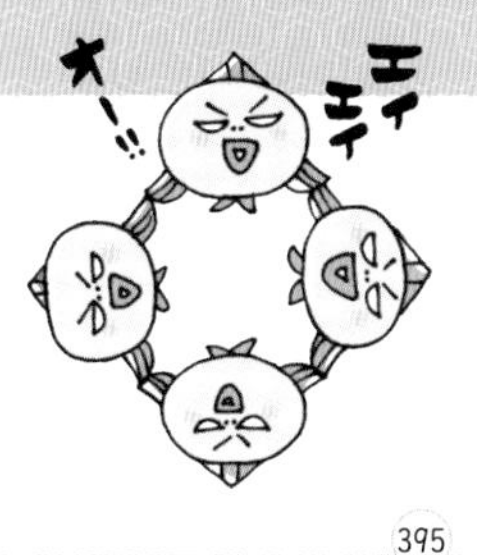

395

二字熟語

けんあく
険悪

396

二字熟語

けんめい
賢明

397

二字熟語

こうがい
口外

398

二字熟語

こうけん
貢献

399

二字熟語

こうご
交互

400

二字熟語

類 利発、利口

かしこくて、物事の筋道が正しくわかる様子。

例 予定を立てるのが＿＿＿なやり方だ。

397

二字熟語

類 他言

知られては困ることを、人に話すこと。

例 このことは、絶対に＿＿＿しないでほしい。

398

二字熟語

類 寄与

あることのため、役に立つように力をつくすこと。

例 チームの勝利に＿＿＿する。

399

二字熟語

かわるがわる。たがいちがい。

例 赤糸と白糸を＿＿＿に織り込む。

400

二字熟語

類 動向、風潮

〔物事の動きや性質が〕ある方向に進んでゆくこと。かたむき。

例 電力の消費量は増加の＿＿＿にある。

393

二字熟語

類 持続

〔前からしていることを〕続けること。また、続くこと。

例 グループでの活動を＿＿＿する。

394

二字熟語

〔一まとめにしてしばる意味から〕同じ考えの人が、一つにまとまること。

例 チームの＿＿＿を固める。

395

二字熟語

よくないことが起こりそうで、成り行きが危ない様子。

例 彼らは＿＿＿なムードになっている。

396

二字熟語

こうしょう
交渉

401

二字熟語

こうりょ
考慮

402

二字熟語

こうれい
恒例

403

二字熟語

こうろん
口論

404

二字熟語

ごかく
互角

405

二字熟語

ごさ
誤差

406

二字熟語

こっけい
滑稽

407

二字熟語

ごらく
娯楽

408

二字熟語

❶問題を解決するために話し合うこと。

❷関わり合い。

例 ❶おこづかいアップの＿＿＿をする。

❷最近彼とは、＿＿＿がない。

401

二字熟語

類 思慮

〔あることについて〕よく考えること。

例 小さい子を＿＿＿して、わかりやすく話す。

402

二字熟語

〔儀式や行事などが〕いつも決まって行われること。

例 新年＿＿＿のかるた会。

403

二字熟語

言い争うこと。口げんか。

例 ＿＿＿が絶えない。

404

二字熟語

力やわざが同じくらいで、差のないこと。

例 優勝候補と＿＿＿の勝負をした。

405

二字熟語

計算したりはかったりした値の少しのちがい。

例 ＿＿＿を修正する。

406

二字熟語

〔言うことや動作が〕おどけていておかしい様子。

例 ピエロが＿＿＿な動作をして客を笑わせた。

407

二字熟語

人を楽しませ、なぐさめるもの。

例 ＿＿＿施設のクレーンゲームで遊ぶ。

408

二字熟語

こんきょ
根拠

409

二字熟語

こんなん
困難

410

二字熟語

こんわく
困惑

411

二字熟語

さいしん
細心

412

二字熟語

さいそく
催促

413

二字熟語

さいなん
災難

414

二字熟語

ざせつ
挫折

415

二字熟語

さっかく
錯覚

416

類 督促

人に、早くしてくれるようにたのむこと。せき立てること。

例 早くご飯にしてほしいと＿＿＿する。

413

〔思いがけなく起こる〕不幸な出来事。わざわい。

例 それはとんだ＿＿＿だったね。

414

仕事や計画などが、できなくなること。また、そのために気力がなくなること。

例 初めての＿＿＿を味わう。

415

❶ 目や耳が実際の色・形・音などとちがうように感じること。

❷ 実際とはちがうのに、本当にそうであるかのように思うこと。かんちがい。

例 ❶ 風を人の声と＿＿＿した。 ❷ ＿＿＿に陥る。

416

〔ある物事の〕もとになる理由。よりどころ。

例 ＿＿＿を示しながら発言する。

409

つらく苦しいこと。また、とても難しいこと。

例 その商品の入手は＿＿＿だ。

410

どうしてよいかわからなくて、困ること。

例 知らない人に話しかけられて＿＿＿する。

411

細かいところまで注意が行き届くこと。

例 ＿＿＿の注意をはらう。

412

二字熟語

さっとう
殺到

417

二字熟語

じが
自我

418

二字熟語

ししつ
資質

419

二字熟語

じじょ
自助

420

二字熟語

じつげん
実現

421

二字熟語

しつぼう
失望

422

二字熟語

してき
指摘

423

二字熟語

じふ
自負

424

二字熟語

本当のこととして、現れること。本当に、行われること。

例 長年の夢がようやく＿＿＿する。

421

二字熟語　　類 絶望

望みを失うこと。また、望みどおりにならず、がっかりすること。

例 理解してもらえず＿＿＿した。

422

二字熟語

〔多くの中から〕特にこれと指し示すこと。取り上げて示すこと。

例 まちがいを次々と＿＿＿する。

423

二字熟語

自分の才能や力を信じてゆるがないこと。

例 彼はだれにも負けないと＿＿＿している。

424

二字熟語

たくさんのものや人が、勢いよく一度におし寄せること。

例 大売り出しの店に客が＿＿＿した。

417

二字熟語

〔他人とはっきり区別した〕自分自身。自己。また、自分を意識する気持ち。

例 ＿＿＿に目覚める。

418

二字熟語

生まれつき持っている性質や能力。

例 音楽家としてのすぐれた＿＿＿を持っている。

419

二字熟語

他人をたよらず自分の力で行うこと。

例 ＿＿＿の精神でがんばる。

420

二字熟語

じめつ
自滅

425

二字熟語

じゅうじつ
充実

426

二字熟語

しゅうち
周知

427

二字熟語

じゅうてん
重点

428

二字熟語

しゅりゅう
主流

429

二字熟語

じゅんかん
循環

430

二字熟語

じゅんすい
純粋

431

二字熟語

しょうそく
消息

432

二字熟語　対 ❷支流

❶ 中心となる考え方や傾向。
❷ 川のおおもとになる流れ。本流。

例 ❶ 自然を守ろうという考え方が______となる。
❷ その川の______を調べる。

429

二字熟語

〔同じところを〕ぐるぐると回って、もとのところへもどること。

例 市内を______するバス。／血液の______。

430

二字熟語

❶ そのものだけで、まじり気のないこと。
❷ 欲がなく、心が清らかで、まっすぐなこと。

例 ❶ ______のアルコール。
❷ ______な気持ちを伝える。

431

二字熟語　類 ❷音信

❶〔ある人や物事の〕様子。事情。
❷ 便り。手紙。連絡。

例 ❶ 彼のその後の______はわからない。
❷ ______を絶つ。

432

二字熟語

ひとりでにほろびること。また、自分のしたことがもとで自分がほろびること。

例 味方のエラーで______した。

425

二字熟語

中身が豊かでしっかりしていること。

例 ______した生活を送る。

426

二字熟語

みんなに知られていること。

例 それは______の事実だ。

427

二字熟語

〔特に、力を入れる〕大切なところ。

例 栄養のバランスに______を置く。

428

二字熟語

しょうてん
焦点

433

二字熟語

しょうもう
消耗

434

二字熟語

しょうりゃく
省略

435

二字熟語

じょげん
助言

436

二字熟語

しょほ
初歩

437

二字熟語

しれん
試練

438

二字熟語

しんそう
真相

439

二字熟語

しんそこ
心底・

しんそこ
真底

440

二字熟語

人々の注意や関心などが集まるところ。中心点。

例 話の______がぼやける。

433

二字熟語

❶ 使って、なくなること。また、なくすこと。
❷ 体力や気力を使い果たすこと。

例 ❶ 燃料を______する。
❷ ______した体。

434

二字熟語

物事や文章などの一部を省くこと。

例 くわしい説明を______する。

435

二字熟語　類 口添え、忠告

気づいたことを言って、助けること。また、その言葉。

例 友だちに______する。

436

二字熟語

物事の習い始め。手始め。

例 ダンスを______から習う。

437

二字熟語

心の強さや実力などの具合を厳しく試すこと。また、そのときの苦しみ。

例 ______にたえる。

438

二字熟語　類 実情

本当の様子。本当の内容。

例 事件の______を明らかにする。

439

二字熟語

❶ 心の奥底。
❷ 心の底から全部で。本当に。

例 ❶ ______からお礼を述べる。
❷ あの人が______好きだ。

440

二字熟語

しんねん
信念

441

二字熟語

しんみつ
親密

442

二字熟語

すで
素手

443

二字熟語

ずぼし
図星

444

二字熟語

すんぜん
寸前

445

二字熟語

せいじつ
誠実

446

二字熟語

せいじゅく
成熟

447

二字熟語

ぜつだい
絶大

448

二字熟語

あるものや、ある物事の起こる、ほんの少し前。

例 ゴール＿＿＿で追いぬかれた。

445

二字熟語　　類 忠実、実直

うそがなく、心がこもっていること。

例 常に＿＿＿でありたい。

446

二字熟語

❶ 果物などが、よく実ること。
❷ 心や体が一人前に成長すること。

例 ❶ ＿＿＿したメロン。
❷ ＿＿＿した大人。

447

二字熟語

物事がこれ以上ないほど大きい様子。

例 ＿＿＿な人気をほこる。

448

二字熟語　　類 信条、所信

自分でまちがいがないと信じる考え。

例 自分の＿＿＿を曲げない。

441

二字熟語

親しく、深い関係にあること。

例 彼らは＿＿＿な間がらだ。

442

二字熟語

手に何も持たないこと。また、手に何もはめないこと。

例 うなぎを＿＿＿でつかむ。

443

二字熟語

考えていたとおりのところ。目当てのところ。急所。

例 ＿＿＿を指される（＝思わくや秘密をぴたりと当てられる）。

444

二字熟語

ぜんあく
善悪

449

二字熟語

せんけつ
先決

450

二字熟語

せんたん
先端

451

二字熟語

せんねん
専念

452

二字熟語

そうしょく
装飾

453

二字熟語

そうてい
想定

454

二字熟語

そうとう
相当

455

二字熟語

そしつ
素質

456

二字熟語

美しくかざりつけること。また、そのかざり。

例 ＿＿＿をほどこす。／＿＿＿品。

453

二字熟語

仮に、ある条件や様子を定めること。

例 スポーツ以外での使用も＿＿＿して建設する。

454

二字熟語

❶ 当てはまること。ふさわしいこと。
❷ かなり。だいぶ。

例 ❶ 副会長に＿＿＿する地位についている。
❷ ＿＿＿、楽しかったようだ。／＿＿＿な腕前。

455

二字熟語

生まれつき持っている（すぐれた）性質。

例 画家の＿＿＿がある。

456

二字熟語

よいことと、悪いこと。

例 単純に＿＿＿を決められない場合もある。

449

二字熟語

先に決めること。また、先に解決しなければならないこと。

例 修理するには、費用をどうするかが＿＿＿だ。

450

二字熟語

類 ❷突端

❶ 流行などの、先頭。
❷ 細長いものの先。

例 ❶ 流行の＿＿＿を行く服装。／＿＿＿技術。
❷ 棒の＿＿＿に着色する。

451

二字熟語

類 熱中

ある一つのことに、一生懸命になること。

例 勉強に＿＿＿する。

452

二字熟語

率先（そっせん）

457

二字熟語

率直（そっちょく）

458

二字熟語

粗末（そまつ）

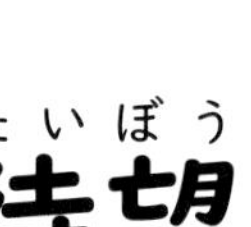

459

二字熟語

存分（ぞんぶん）

460

二字熟語

対策（たいさく）

461

二字熟語

大半（たいはん）

462

二字熟語

待望（たいぼう）

463

二字熟語

妥協（だきょう）

464

二字熟語

類 方策

相手の態度や物事の事情に対して、問題となることがらを（うまく）解決する方法。

例 水害への＿＿＿を考える。

461

二字熟語

類 過半数

全体の半分よりかなり多いこと。ほとんど。

例 クラスの＿＿＿が欠席している。

462

二字熟語

待ち望むこと。

例 ＿＿＿の新刊が発売された。

463

二字熟語

類 折り合い、譲歩

〔意見が分かれているとき〕おたがいの考えなどをゆずり合うこと。

例 こんな案では＿＿＿できない。

464

二字熟語

人の先に立って、物事を行うこと。

例 ＿＿＿して、そうじをする。

457

二字熟語

類 ざっくばらん

かくしごとやかざりけがなく、正直でありのままである様子。

例 ＿＿＿な感想を述べる。

458

二字熟語

❶ 立派でない様子。みすぼらしい様子。
❷ 大事にしない様子。

例 ❶ ＿＿＿な小屋。
❷ ものを＿＿＿にするのはよくない。

459

二字熟語

十分。思い切り。好きなだけ。

例 したいことを＿＿＿にやってみなさい。

460

二字熟語

たしょう
多少

465

二字熟語

だつぼう
脱帽

466

二字熟語

だんげん
断言

みてません！

467

二字熟語

だんこ
断固

468

二字熟語

たんちょう
単調

469

二字熟語

たんてき
端的

470

二字熟語

たんねん
丹念

471

二字熟語

ちせい
知性

472

二字熟語

類 一本調子

同じような調子で、変化が少なく、つまらないこと。

例 ______な生活にあきる。

469

二字熟語

❶ はっきりしていて明らかなこと。
❷ 手っ取り早い様子。

例 ❶ 温度の変化を______に示しているグラフ。
❷ 本の感想を______に述べる。

470

二字熟語

心をこめて、ていねいにする様子。

例 ______にケーキを仕上げる。

471

二字熟語

物事を知ったり考えたり、それを整理したり判断したりする頭の働き。

例 高い______の持ち主。

472

二字熟語

❶ 多いことと少ないこと。
❷ いくらか。少し。

例 ❶ 人数の______には、こだわらない。
❷ 算数には______、自信がある。

465

二字熟語

❶ 相手に感心して、敬う気持ちを表すこと。
❷ 帽子をぬぐこと。

例 ❶ きみのがまん強さには______するよ。
❷ この店では______する必要がある。

466

二字熟語

はっきりと自信を持って言うこと。

例 見ていないと______する。

467

二字熟語

かたく決心して物事をする様子。

例 ______として断る。

468

二字熟語

ちつじょ
秩序

473

二字熟語

ちまなこ
血眼

474

二字熟語

ちゃくじつ
着実

475

二字熟語

ちゅうこく
忠告

476

二字熟語

ちゅうだん
中断

477

二字熟語

ちょうえつ
超越

478

二字熟語

ちょうわ
調和

479

二字熟語

ちょくし
直視

480

二字熟語

類 中絶

途中で、途切れること。また、途中でやめること。

例 放送が＿＿＿した。／作業を＿＿＿する。

477

二字熟語

ふつうの程度をはるかにこえていること。また、ふつうの人の生活態度や考え方をこえて、より高い立場にあること。

例 一般の人を＿＿＿した存在。

478

二字熟語

〔二つ以上の物事が〕うまくつり合っていること。

例 町並みと＿＿＿した建物。

479

二字熟語

❶ 目をそらさないで、まっすぐ見つめること。

❷ 物事をありのままに正しく見ること。

例 ❶ 相手の目を＿＿＿する。
❷ 社会の現実を＿＿＿する。

480

二字熟語

物事が正しく行われるための順序や決まり。

例 社会の＿＿＿を守る。／＿＿＿を乱す。

473

二字熟語

《多くの場合「血眼になる」の形で》夢中になって物事をする様子。特に、必死になってさがし回る様子。

例 さいふを＿＿＿になってさがす。

474

二字熟語

落ち着いて正確に物事を行うこと。

例 ＿＿＿に力をつける。

475

二字熟語

類 忠言、助言、警告

〔その人のためを思って〕あやまちなどを注意し、直すようにすすめること。また、その言葉。

例 人の＿＿＿を聞く。

476

二字熟語

つうじょう
通常

481

二字熟語

つうよう
通用

482

二字熟語

てきちゅう
的中

483

二字熟語

てみじか
手短

484

二字熟語

どうき
動機

485

二字熟語

とうとつ
唐突

486

二字熟語

とくしょく
特色

487

二字熟語

ないしん
内心

488

二字熟語

ある考えや行いを引き起こす直接の原因となるもの。きっかけ。理由。

例 犯行の______を聞き出す。

485

二字熟語

突然、前ぶれもなく物事が始まる様子。

例 ______におこり出す。

486

二字熟語　類 特性

❶ ほかのものと、特にちがっているところ。
❷ ほかのものより、特にすぐれているところ。

例 ❶ ______のある声。
❷ 吸引力の強さがこのそうじ機の______だ。

487

二字熟語

言わずに考えていること。

例 ______を打ち明けたい。／______不安だ。

488

二字熟語　類 通例、平常

ふだん行われていることであること。ふつう。

例 雨が降ったら______の授業を行う。

481

二字熟語

❶ 広く社会で使われること。
❷〔正しい、価値のあるものとして〕世の中に認められること。

例 ❶ ユーロが______する国。
❷ 本場で______する実力。

482

二字熟語

❶ たまや矢が正しく的に当たること。命中。
❷ 考えたことがぴたりと当たること。

例 ❶ 矢が的に______した。
❷ 予想が______する。

483

二字熟語

大切なことだけを、短く簡単に話したり、書いたりすること。

例 時間がないので______に説明します。

484

二字熟語

にんしき
認識

489

二字熟語

ねんがん
念願

490

二字熟語

はあく
把握

491

二字熟語

はくしき
博識

492

二字熟語

はたいろ
旗色

493

二字熟語

はっき
発揮

494

二字熟語

ばんのう
万能

495

二字熟語

はんろん
反論

496

二字熟語

勝ち負けの様子。

例 わがチームは＿＿＿が悪い（＝負けそうである）。

493

二字熟語

値打ちや力を十分に表すこと。

例 本番で実力を＿＿＿する。

494

二字熟語

❶ 何にでも効き目があり、役立つこと。
❷ すべてのことにすぐれていること。何でもできること。

例 ❶ 現代は科学＿＿＿の時代とされている。
❷ 彼女はスポーツ＿＿＿だ。

495

二字熟語

相手の意見に対して、反対の意見を述べること。また、その意見。

例 相手の意見に＿＿＿する。

496

二字熟語

物事をよく知り、感じ、判断すること。また、そのようにして得た知識。

例 世の中を正しく＿＿＿する。

489

二字熟語

類 願望

長い間願い望むこと。また、その望み。

例 ＿＿＿の初優勝を果たした。

490

二字熟語

正しく理解すること。

例 文章の内容を＿＿＿する。

491

二字熟語

類 博学

いろいろと多くのことを知っていること。

例 その人は＿＿＿だ。

492

二字熟語

ひがん
悲願

497

二字熟語

ひっす
必須

498

二字熟語

ひってき
匹敵

499

二字熟語

ひときわ
一際

500

二字熟語

ひにく
皮肉

501

二字熟語

ひはん
批判

502

二字熟語

ひんぱん
頻繁

503

二字熟語

ふい
不意

504

二字熟語

類 ❶風刺

❶ 相手の欠点などを、遠回しに意地悪く責めること。当てこすり。
❷ 予想・期待などと反対の結果が出ること。

例 ❶ ______を言うのはやめてくれ。
❷ 健康のための運動でけがするとは、______だ。

501

二字熟語

物事のよい悪いを考えて判断する意見。よくないとする判断。

例 かたよった考えを______する。

502

二字熟語

たびたびくり返されること。

例 今日は______に電話が鳴る。

503

二字熟語

思いがけないこと。突然であること。

例 相手の______をつく。／______に現れた。

504

二字熟語

どうしてもやりとげようと思っている、願い。

例 スイミングスクールでの進級が______だ。

497

二字熟語

なくてはならないこと。

例 無人島での______の道具。／______の条件。

498

二字熟語

〔実力などが〕同じぐらいであること。つり合うこと。

例 足の速さでは、彼に______する者はいない。

499

二字熟語

〔ほかと比べて〕目立つほど程度が激しい様子。

例 ______大きな野菜。
夕日が______美しく見える。

500

二字熟語

ふかい
不快

505

二字熟語

ふたん
負担

506

二字熟語

ふどう
不動

507

二字熟語

ふふく
不服

508

二字熟語

ぶれい
無礼

509

二字熟語

べんかい
弁解

510

二字熟語

へんけん
偏見

511

二字熟語

べんご
弁護

512

二字熟語

類 失礼、無作法

礼儀にはずれていること。

例 目上の人に＿＿＿なふるまいをする。
＿＿＿を働く。

509

二字熟語

類 弁明

悪事や失敗の言い訳をすること。言い開き。

例 もはや＿＿＿の余地はない。

510

二字熟語

まちがっている、かたよった考え。

例 ＿＿＿を認め、みずから正す。

511

二字熟語

その人の利益になるようなことを言って、助けかばうこと。

例 彼の責任ではないと、みんなが＿＿＿した。

512

二字熟語

対 愉快

いやな気持ちであること。

例 ＿＿＿な気持ちになる。

505

二字熟語

❶ 責任や仕事などを引き受けること。また、その責任や仕事。
❷ 引き受けてお金をはらうこと。

例 ❶ ＿＿＿が重い。
❷ 費用はみんなで＿＿＿する。

506

二字熟語

動かないこと。また、簡単には変わらないこと。

例 兵隊が＿＿＿の姿勢で立ち続けている。
＿＿＿の人気を保つ。

507

二字熟語

類 不満

気に入らないこと。

例 現状について、＿＿＿を唱える。

508

二字熟語

ぼうがい
妨害

513

二字熟語

ぼうだい
膨大

514

二字熟語

ほそく
補足

515

二字熟語

ぼっとう
没頭

516

二字熟語

ほんらい
本来

517

二字熟語

まんいち
万一

518

二字熟語

みうち
身内

519

二字熟語

みがる
身軽

520

二字熟語

❶ もともとそうであること。元来。
❷ はじめからそうでなければならないこと。

例 ❶ その言葉の______の意味を知る。
❷ そんなことは______なら許されないことだ。

517

二字熟語

ありそうもないけれど、あるかもしれないこと。もしも。ひょっとして。万が一。

例 ______食べ物がなくなったら、どうしよう。

518

二字熟語

類 縁続き

家族や親類。身寄り。

例 結婚式を______だけで挙げる。

519

二字熟語

❶ 体の動きがすばやいこと。
❷〔持ち物などがなく〕楽に行動できること。

例 ❶ ねこは______だ。
❷ ______なかっこうで世界一周旅行をする。

520

二字熟語

じゃまをすること。

例 守備を______する。

513

二字熟語

規模や形などが、とても大きい様子。また、数や量が、とても多い様子。

例 ______なコレクション。

514

二字熟語

足りないところを補うこと。

例 説明を______する。

515

二字熟語

そのことだけに夢中になること。物事に熱中すること。

例 ゲームに______する。

516

二字熟語

みじゅくものですが…

みじゅく
未熟

521

二字熟語

みち
未知

522

二字熟語　故事成語

むじゅん
矛盾

523

二字熟語

むしん
無心

524

二字熟語

むだん
無断

525

二字熟語

むち
無知

526

二字熟語

むねん
無念

527

二字熟語

むぼう
無謀

528

二字熟語

類 無届け

許しを受けたり断ったりせずに物事をすること。

例 クラブを＿＿＿で欠席する。

525

二字熟語

知識のないこと。何も知らないこと。

例 自分が＿＿＿であることに気づく。

526

二字熟語

❶ くやしく思うこと。残念なこと。

❷ 心に何も思わないこと。無心。

例 ❶ 試合に負けて＿＿＿のなみだを流す。

❷ ＿＿＿無想の境地。

527

二字熟語

よく考えずに物事を行うこと。むちゃ。むてっぽう。

例 あらしの海に船を乗り出すのは、＿＿＿だ。

528

二字熟語

❶ 果物や作物などの実が、十分にできていないこと。

❷ 学問やわざなどが、まだ十分でないこと。

例 ❶ ＿＿＿なトマト。　❷ ＿＿＿者。

521

二字熟語

まだ知らないこと。まだ知られていないこと。

例 ＿＿＿の世界に足をふみ入れる。

522

二字熟語　故事成語

つじつまが合わないこと。

例 あの人の話は、＿＿＿だらけだ。

523

二字熟語

❶ 心に、余計な考えや悪い考えがないこと。また、無邪気なこと。

❷ お金や品物をねだること。せびること。

例 ❶ ＿＿＿に犬と遊ぶ。

❷ おじさんにおこづかいを＿＿＿する。

524

二字熟語

めいあん
明暗

529

二字熟語

めいじ
明示

530

二字熟語

めんみつ
綿密

531

二字熟語

もほう
模倣

532

二字熟語

やさき
矢先

533

二字熟語

ゆいいつ
唯一

534

二字熟語

ようい
容易

535

二字熟語

ようけん
用件

536

二字熟語

物事が始まろうとするちょうどそのとき。何かをしようとした途端。

例 出かけようとした______に雨が降ってきた。

533

二字熟語

それ一つだけしかないこと。ただ一つ。

例 つりが______の楽しみだ。

534

二字熟語

類 平易

簡単にできる様子。

例 十年も修行するのは______ではない。

535

二字熟語

類 用事、用務

用事の種類や内容。用向きのことがら。用。

例 電話の相手の______を聞く。

536

二字熟語

❶ 明るさと、暗さ。また、色のこいうすい。
❷ 幸せと、不幸せ。

例 ❶ ______のはっきりしたコーディネート。
❷ 勝者と敗者で大きく______が分かれた。

529

二字熟語

はっきりと言葉で示すこと。

例 ポスターに、公演日時を______する。

530

二字熟語

類 細密

細かいところまで行き届いていて、まちがいのないこと。

例 ______な計画を立てる。

531

二字熟語

自分で考えずまねること。すでにあるものに似せること。

例 昔の建築様式を______する。

532

二字熟語

ようぼう
要望

537

二字熟語

らくたん
落胆

538

二字熟語

りょうりつ
両立

539

二字熟語

りんじ
臨時

540

二字熟語

るいじ
類似

541

二字熟語

れいがい
例外

542

二字熟語

れいせい
冷静

543

二字熟語

ろうりょく
労力

544

二字熟語

たがいによく似ていること。

例 二つの文字の形は＿＿＿＿している。

541

二字熟語

一般的な決まりに当てはまらないこと。また、そのもの。ふつうの例からはずれること。

例 どんな規則にも＿＿＿＿はある。

542

二字熟語

類 沈着、平静

落ち着いていて、感情に動かされないこと。

例 おたがいに＿＿＿＿になる必要がある。
トラブルに＿＿＿＿に対応する。

543

二字熟語

力をつくすこと。骨折り。

例 むだな＿＿＿＿を使ってしまった。

544

二字熟語

してほしいと強く望むこと。また、その望み。

例 客の＿＿＿＿に応える。

537

二字熟語

〔思っていたとおりにならなくて〕がっかりすること。

例 おしくも優勝をのがし、＿＿＿＿した。

538

二字熟語

二つのものが同時に成り立つこと。

例 勉強とスポーツを＿＿＿＿させる。

539

二字熟語

❶〔時間や日を決めないで〕必要なときに物事を行うこと。
❷ 必要なときだけ（間に合わせに）すること。

例 ❶ ＿＿＿＿列車。 ❷ ＿＿＿＿のアルバイト。

540

三字熟語

あくじゅんかん
悪循環

545

三字熟語

あっとうてき
圧倒的

546

三字熟語

いちだんらく
一段落

547

三字熟語

いっぺんとう
一辺倒

548

三字熟語

いよくてき
意欲的

549

三字熟語

いわかん
違和感

550

三字熟語

うちょうてん
有頂天

551

三字熟語

おとさた
音沙汰

552

三字熟語

〔二つ以上のことがらが、たがいに悪い影響をあたえて〕いつまでも悪い状態がくり返し続くこと。

例 ミスをしたらあせり、またミスをするという、______に陥った。

545

三字熟語

ほかよりもかなりすぐれていたり、優勢だったりする様子。

例 ______な強さをほこる。

546

三字熟語

〔仕事などが〕一区切りすること。

例 仕事が______した。

547

三字熟語

類 一本やり

ある一つのことだけにかたよること。

例 野菜______の食事。

548

三字熟語

何かをしようとする強い意欲が感じられる様子。

例 ______な作品。／______に研究に取り組む。

549

三字熟語

周りとなじんでいなくて、落ち着かない感じ。

例 メンバー構成に______がある。

550

三字熟語

すっかり喜んで、夢中になること。

例 絵が入賞し、______になる。

551

三字熟語

便り。様子の知らせ。連絡。

例 何の______もない。

552

三字熟語（さんじじゅくご）

かちかん
価値観

553

三字熟語（さんじじゅくご）

かっきてき
画期的

554

三字熟語（さんじじゅくご）

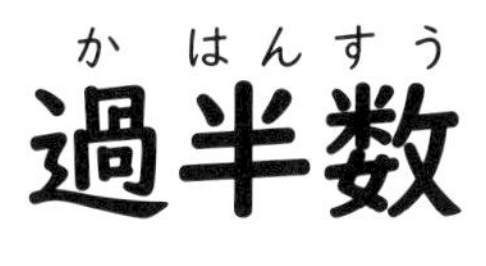

かはんすう
過半数

555

三字熟語（さんじじゅくご）

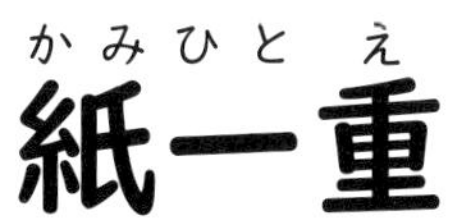

かみひとえ
紙一重

556

三字熟語（さんじじゅくご）

きそくてき
規則的

557

三字熟語（さんじじゅくご）

きちょうめん
几帳面

558

三字熟語（さんじじゅくご）

きょくちてき
局地的

559

三字熟語（さんじじゅくご）

くちべた
口下手

560

三字熟語

決まりに従っている様子。

例 ＿＿＿なリズム。

557

三字熟語

性格や行いが、秩序どおりにきちんと守られている様子。

例 何事にも＿＿＿な人。

558

三字熟語

区域が限られている様子。

例 ＿＿＿な大雨に見まわれる。

559

三字熟語

類 話し下手

話のしかたが下手なこと。

例 ＿＿＿で、思いをうまく伝えられない。

560

三字熟語

何が値打ちを持っているかについての考え方。物事の値打ちを決めるときの見方。

例 ＿＿＿がちがう人との会話を楽しむ。

553

三字熟語

今までになかったような、新しくてすばらしい様子。

例 ＿＿＿なアイディアを思いつく。

554

三字熟語

類 大半

半分より多い数。半数より多い。

例 ＿＿＿の児童が賛成した。

555

三字熟語

〔紙一枚の厚さの意味から〕ごくわずかなちがい。

例 合格・不合格の差は＿＿＿だった。

556

三字熟語（さんじじゅくご）

こうかてき
効果的

561

三字熟語（さんじじゅくご）

しんぴてき
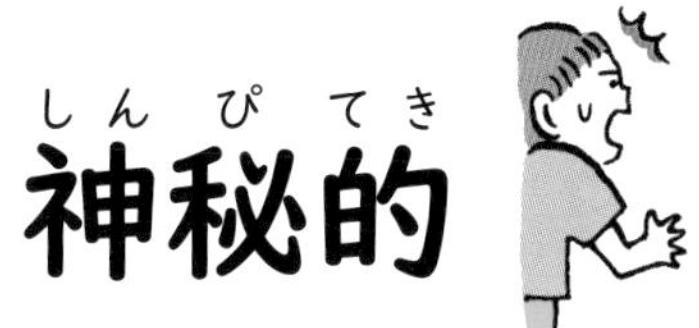

神秘的

562

三字熟語（さんじじゅくご）

せとぎわ

瀬戸際

563

三字熟語（さんじじゅくご）

せんにゅうかん
先入観

564

三字熟語（さんじじゅくご）

たようか
多様化

565

三字熟語（さんじじゅくご）

ちめいてき

致命的

566

三字熟語（さんじじゅくご）

てっていてき
徹底的

567

三字熟語（さんじじゅくご）

てんけいてき
典型的

568

三字熟語

物事のやり方や種類が変わって増えること。

例 食生活はますます______している。

565

三字熟語

❶ 命に関わる様子。
❷ 失敗や損害などが、取り返しがつかないほど大きい様子。

例 ❶ ______な重傷を負う。
❷ ______なミスをする。

566

三字熟語

十分に行き届いている様子。どこまでもやりぬく様子。

例 事故の原因を______に調査する。

567

三字熟語

あるものの特徴を、最もよく表している様子。

例 ______な言い訳をする。

568

三字熟語

効き目のある様子。

例 ______な方法で学習する。

561

三字熟語

人間の知恵ではとても考えられないような、不思議な様子。

例 ______な現象を目撃した。

562

三字熟語

〔勝つか負けるか、生きるか死ぬかなど〕物事の大事な分かれ目。

例 ______に立たされる。

563

三字熟語

実際に見たり聞いたりする前に、あらかじめ形作られた考え。

例 ______にとらわれずに話を聞く。

564

三字熟語

突発的（とっぱつてき）

569

三字熟語

悲劇的（ひげきてき）

570

三字熟語

必需品（ひつじゅひん）

571

三字熟語

無愛想（ぶあいそう）

572

三字熟語

不死身（ふじみ）

573

三字熟語

仏頂面（ぶっちょうづら）

574

三字熟語

不本意（ふほんい）

575

三字熟語

無邪気（むじゃき）

576

三字熟語

思いがけないことが急に起こる様子。

例 ＿＿＿な現象が起こる。

569

三字熟語

悲しく、痛ましい様子。

例 ＿＿＿な出来事。

570

三字熟語

〔あることをするために〕なくてはならない品物。

例 生活＿＿＿をそろえる。

571

三字熟語

親しみがなく、そっけないこと。「ぶあいそ」ともいう。

例 照れかくしのため、＿＿＿な対応をする。

572

三字熟語

❶ 何があっても死なないほどの、強い体。
❷ どんな困難にも負けないこと。また、何事にもくじけないこと。

例 ❶ ＿＿＿をほこるレスラー。
❷ ＿＿＿の精神を持つ。

573

三字熟語

きげんが悪く、愛想のない顔つき。ふくれっつら。

例 めずらしく、＿＿＿をしているね。

574

三字熟語

自分の本当の考えや望みとちがうこと。

例 ＿＿＿ながら、相手の言い分を受け入れた。

575

三字熟語

悪い心がなく、素直なこと。また、幼くて、かわいらしいこと。

例 ＿＿＿な質問にたじたじとなる。

576

対義語

かんじょうてき
感情的

577

対義語

りせいてき
理性的

578

対義語

ぐうぜん
偶然

579

対義語

ひつぜん
必然

580

対義語

ぐたいてき
具体的

581

対義語

ちゅうしょうてき
抽象的

582

対義語

く　あ
繰り上げる

583

対義語

く　さ
繰り下げる

584

対義語　　対 抽象的

そのものの様子や形が、直接わかるように、はっきりしている様子。

例 ＿＿＿で、ていねいな説明。

581

対義語　　対 具体的

実際のことからはなれて考えていて、様子や内容がはっきりしない様子。

例 ＿＿＿で、わかりにくいアドバイス。

582

対義語　　対 繰り下げる

❶〔物事の位置を〕順に上に送る。
❷ 決めていた日時を早める。

例 ❶ 二位の順位を一位に＿＿＿。
❷ 会議の日取りを＿＿＿。

583

対義語　　対 繰り上げる

❶〔物事の位置を〕順に下に送る。
❷ 決めていた日時をおくらせる。

例 ❶ 順位を一つずつ＿＿＿。
❷ 運動会を一週間＿＿＿。

584

対義語　　対 理性的

感情をすぐ表面に出す様子。

例 つい＿＿＿になり、泣いてしまった。

577

対義語　　対 感情的　類 理知的

感情をおさえて、理性に従って考え、行動する様子。

例 問題を＿＿＿に解決する。

578

対義語　　対 必然

思いがけないこと。また、思いがけなく起こること。

例 ＿＿＿の出来事。

579

対義語　　対 偶然　類 当然、必至

必ずそうなると決まっていること。

例 ＿＿＿の出来事。／＿＿＿の結果。

580

対義語

くろうと
玄人

585

対義語

しろうと
素人

586

対義語

けんやく
倹約

587

対義語

ろうひ
浪費

588

対義語

けんり
権利

589

対義語

ぎむ
義務

590

対義語

こうてい
肯定

591

対義語

ひてい
否定

592

対義語

対 義務

あることがらを自由にできる資格。

例 教育を受ける______がある。

589

対義語

対 権利　類 責務、責任

人として、しなければならないこと。また、国民が守らなければならないこと。

例 秘密を守る______がある。
納税は国民の______である。

590

対義語

対 否定

そのとおりであると認めること。

例 みんなのうわさを______する。

591

対義語

対 肯定

そうでないと打ち消すこと。

例 みんなのうわさを______する。

592

対義語

対 素人

ある技術や芸能に、すぐれている人。また、それを仕事にしている人。専門家。

例 ______ならではの仕事ぶり。

585

対義語

対 玄人

ある物事をあまりしたことがなく、上手でない人。そのことを専門にしていない人。

例 ______の作品だが、よいできだ。

586

対義語

対 浪費

むだを省いて、お金や品物の使用を少なくおさえること。節約。

例 こづかいを______する。

587

対義語

対 倹約　類 乱費

〔お金・品物・時間などを〕むだに使うこと。むだづかい。

例 こづかいを______する。／時間を______する。

588

対義語

じゅうし
重視

593

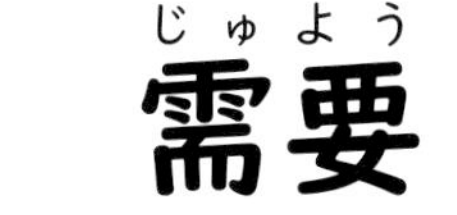

対義語

けいし
軽視

594

対義語

しゅかんてき
主観的

595

対義語

きゃっかんてき
客観的

596

対義語

じゅよう
需要

597

対義語

きょうきゅう
供給

598

対義語

じょうじゅん
上旬

599

対義語

げじゅん
下旬

600

対義語　対 供給

〔買い手が〕品物を必要とすること。入り用。

例 特定の食品の＿＿が高まる。

597

対義語　対 需要

❶ 求められたものを、あたえること。
❷ 売ったり買ったりするために、商品を市場に出すこと。

例 ❶ 需要に応じた＿＿をする。
❷ 需要と＿＿のバランスが悪い。

598

対義語　対 中旬、下旬

月の一日から十日までの十日間。初旬。
★月の十一日から二十日までの十日間を、中旬という。

例 来月の＿＿に、旅行をします。

599

対義語　対 上旬、中旬

それぞれの月の二十一日から終わりの日まで。
★月の十一日から二十日までの十日間を、中旬という。

例 今月の＿＿からは寒くなるそうだ。

600

対義語　対 軽視

大切であると考えることや部分。

例 実績を＿＿する。

593

対義語　対 重視

物事を軽く見て、価値を認めないことや部分。

例 何事も、基礎を＿＿してはならない。

594

対義語　対 客観的

自分だけの感じや考え方にかたよる様子。

例 好き、きらいは＿＿なものです。

595

対義語　対 主観的

自分の考えにとらわれずに、物事をありのままに見たり考えたりする様子。

例 現実を＿＿にとらえる。

596

対義語

せいさん
生産

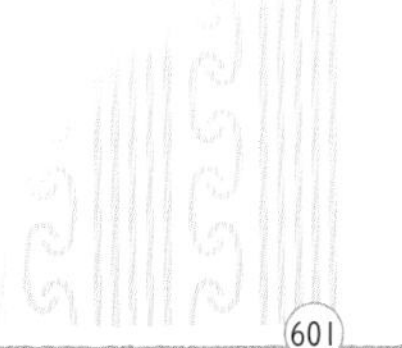

601

対義語

しょうひ
消費

602

対義語

せっきょくてき
積極的

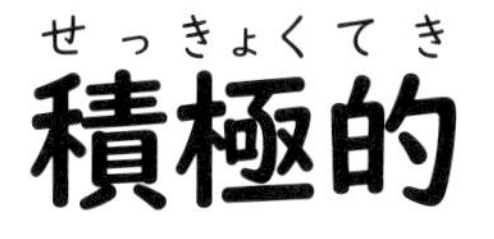

603

対義語

しょうきょくてき
消極的

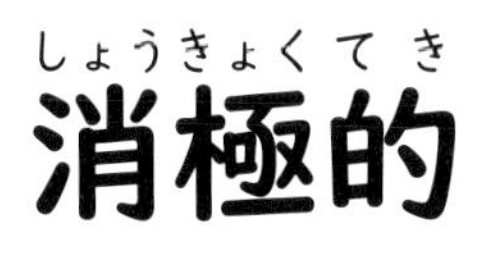

604

対義語

たんじゅん
単純

605

対義語

ふくざつ
複雑

606

対義語

ちょうしょ
長所

607

対義語

たんしょ
短所

608

対義語　対 複雑

仕組みが簡単なこと。入り組んでいないこと。

例 ______な作りの製品。

605

対義語　対 簡単、単純

いろいろな物事が重なり、込み入っていること。また、込み入っていて、わかりにくいこと。

例 ______な事情がある。／______な計算。

606

対義語　対 短所

〔性質などの〕すぐれて、よいところ。

例 自分の______をのばす。

607

対義語　対 長所

〔性質などの〕悪いところ。足りない点。

例 自分の______を認める。

608

対義語　対 消費

人間の生活に必要なものを作り出すこと。

例 米を______する。／大量______。

601

対義語　対 生産

〔お金・品物・労力などを〕使って、なくすこと。

例 燃料を______する。／______量が高まる。

602

対義語　対 消極的　類 能動的

自分から、進んで物事をする様子。

例 ______に挙手をする。

603

対義語　対 積極的　類 受動的

自分からは、進んで物事をしない様子。ひかえめな様子。

例 どちらかというと______なタイプだ。

604

対義語

ちょくせつてき
直接的

609

対義語

かんせつてき
間接的

610

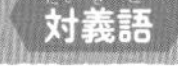
対義語

のうどうてき
能動的

611

対義語

じゅどうてき
受動的

612

対義語

びてん
美点

613

対義語

けってん
欠点

614

対義語

びんかん
敏感

615

対義語

どんかん
鈍感

616

対義語　対 欠点

ほかと比べてすぐれたところ。よいところ。長所。

例 あの人にはたくさんの＿＿＿がある。

613

対義語　対 美点　類 弱点、欠陥

ほかと比べてよくないところ。足りないところ。短所。

例 ＿＿＿のない人間はいない。

614

対義語　対 鈍感

物事に対する感じ方が、すばやく、するどい様子。

例 姉はにおいに＿＿＿だ。／＿＿＿に反応する。

615

対義語　対 敏感　類 無神経

物事に対する感じ方がにぶいこと。

例 彼女には少し＿＿＿なところがある。
私は痛みに少し＿＿＿らしい。

616

対義語　対 間接的

間にほかのものを置かないで、じかに接する様子。

例 ＿＿＿な表現をする。

609

対義語　対 直接的

じかではなく、間にほかのものがあって関係する様子。

例 ＿＿＿にプレゼントをわたす。

610

対義語　対 受動的　類 積極的

自分のほうから働きかける様子。

例 何事にも＿＿＿に取り組む。

611

対義語　対 能動的　類 消極的

〔自分から進んでやるのではなく〕ほかから働きかけられて物事をする様子。

例 人にさそわれて＿＿＿に参加した。

612

対義語

ふくじゅう
服従

617

対義語

はんこう
反抗

618

対義語

ゆしゅつ
輸出

619

対義語

ゆにゅう
輸入

620

対義語

らっかんてき
楽観的

621

対義語

ひかんてき
悲観的

622

対義語

りそう
理想

623

対義語

げんじつ
現実

624

対義語　対 悲観的

物事がうまくいくにちがいないと、明るい見通しを持つ気持ち。

例 うまくいくはずだと、______に考える。

621

対義語　対 楽観的

物事が悪くなると考える気持ち。

例 ______な見方をする。

622

対義語　対 現実

人々が最もよいものとして考え、追い求めるもの。

例 ______の世界。

623

対義語　対 理想

〔頭の中で考えていることではなく〕今、目に見えている、ありのままの姿。実際に起きていること。

例 ______の世界。

624

対義語　対 反抗

ほかの人の考えや命令に従うこと。

例 殿様に______する。
他人に______するのはいやだ。

617

対義語　対 服従　類 抵抗

ほかの人や社会に逆らうこと。

例 殿様に______する。／親に______する。

618

対義語　対 輸入

外国に品物・技術などを売ること。

例 海外へ自動車を______する。

619

対義語　対 輸出

外国から品物･技術などを買い入れること。

例 食料品を______する会社で働く。

620

使い分け

いがい
以外

625

使い分け

いがい
意外

626

使い分け

いぎ
意義

627

使い分け

いぎ
異議

628

使い分け

いぜん
以前

629

使い分け

いぜん
依然

630

使い分け

おさ
収める

631

使い分け

おさ
治める

632

使い分け　対 ❷以後

❶今より前。

❷そのときをふくんで、それより前。

例 ❶ここは______はレストランだった。
❷九時______なら家にいる。

629

使い分け

《「依然として」の形で》前のとおりである様子。もとのままであること。

例 真相は______としてわからない。

630

使い分け

❶きちんと中に入れる。

❷〔受け取って〕自分のものにする。

例 ❶箱におもちゃを______。
❷成功を______。

631

使い分け

❶〔乱れていたものを〕しずめる。落ち着かせる。

❷政治を行う。

例 ❶物事を______。
❷王様が______国。

632

使い分け

それよりもほか。それを除いたほかのもの。

例 人間______の生物。
きみ______、だれも知らない。

625

使い分け　類 案外

思っていたことと実際のことが、おどろくほどちがう様子。

例 ______に早く返事が来た。／______な結末。

626

使い分け

❶〔物事の〕値打ち。

❷言葉の持つ意味。

例 ❶山登りは、その苦しさにも______がある。
❷言葉の______を辞書で確認する。

627

使い分け　類 異存

ある考えとちがった考えや意見。反対の意見。

例 ______を唱える。／______なし。

628

使い分け

おさ
修める

633

使い分け

おさ
納める

634

使い分け

かいしん
会心

635

使い分け

かいしん
改心

636

使い分け

かいほう
介抱

637

使い分け

かいほう
快方

638

使い分け

かいほう
開放

639

使い分け

かいほう
解放

640

使い分け

類 看病、看護

病人やけがが人の世話をすること。

例 けがをした姉を＿＿＿する。

637

使い分け

病気やけがよくなっていくこと。

例 病状が＿＿＿に向かう。

638

使い分け

❶〔窓・戸などを〕開け放すこと。開けたままにすること。

❷だれでも自由に出入りしたり使ったりできるようにすること。

例 ❶ドアを＿＿＿しておく。 ❷校庭＿＿＿。

639

使い分け

制限や束縛などをなくして自由にすること。

例 責任から＿＿＿される。

640

使い分け

❶心や行いを正しくする。

❷〔わざや学問などを〕勉強して、自分のものにする。

例 ❶身を＿＿＿。

❷大学で学問を＿＿＿。

633

使い分け

❶中に入れる。 ❷受け取る。

❸ものやお金などを、決められた相手にわたす。

例 ❶宝物を倉に納める。

❷お納めください。 ❸税金を納める。

634

使い分け

〔自分のしたことを〕心から気に入って、満足すること。

例 ついに＿＿＿の作ができた。

635

使い分け

〔自分のしてきたことが〕悪かったと気づいて心を入れかえること。

例 先生にさとされて＿＿＿した。

636

使い分け

かえり
省みる

641

使い分け

かえり
顧みる

642

使い分け

かんしゅう
慣習

643

使い分け

かんしゅう
観衆

644

使い分け

かんしん
感心

645

使い分け

かんしん
関心

646

使い分け

きしょう
気性

647

使い分け

きしょう
気象

648

使い分け　類 感動

〔立派なことや行いに対して〕深く感動すること。

例 ______な行い。
彼女の公平な態度に______した。

645

使い分け　類 興味

特に興味を持つこと。

例 音楽に______がある。／芸術に______を示す。
無______。

646

使い分け

生まれつき持っている性質。気立て。

例 ______のあらい犬をしつける。

647

使い分け

大気中に起こるいろいろな有様。天候・気圧・風速など。

例 ______予報士になりたい。／______観測を行う。

648

使い分け

自分のした行いや、自分の心の中をふり返って、よく考える。

例 この一年の生活態度を______。

641

使い分け

❶ 過ぎた昔を思う。
❷ 気にかける。心配する。

例 ❶ 幼いころを顧みる。
❷ 危険を顧みずに行動する。

642

使い分け　類 風習

その集団で長い間行われてきた習わし。習慣。しきたり。

例 この______は見直したほうがよい。

643

使い分け

スポーツ・劇などを見る大勢の人。

例 ______の前で歌う。

644

使い分け

きしょう
希少

649

使い分け

げんしょう
現象

650

使い分け

げんしょう
減少

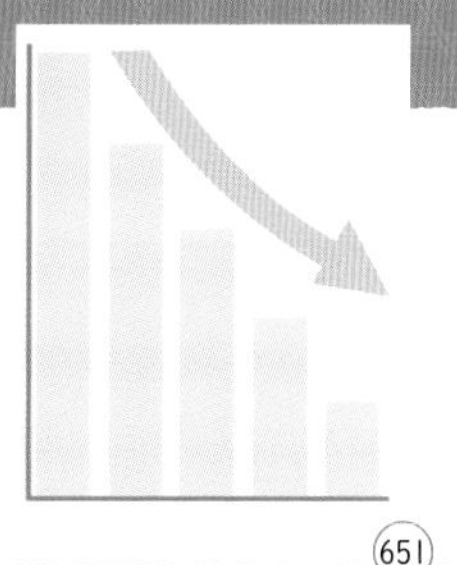

651

使い分け

けんとう
見当

652

使い分け

けんとう
検討

653

使い分け

けんとう
健闘

654

使い分け

こうい
好意

655

使い分け

こうい
厚意

656

使い分け

細かく調べて、それでよいかどうか考えること。

例 出された案を＿＿＿する。

653

使い分け　類 善戦

元気いっぱいに、よくたたかうこと。

例 初出場ながら＿＿＿した。／＿＿＿をいのる。

654

使い分け　類 善意

相手を気に入っている気持ち。

例 笑顔がすてきな人に＿＿＿をいだく。

655

使い分け

親切で、深い思いやりのある心。

例 相手の＿＿＿に感謝する。
人の＿＿＿を無にしてはいけない。

656

使い分け

とてもめずらしく、数が少ないこと。

例 ＿＿＿な例。／＿＿＿種の野鳥。

649

使い分け

目に見える有様や出来事。目・耳・手などの感覚によって感じ取るもの。

例 自然の＿＿＿を観察する。

650

使い分け　対 増加

減って少なくなること。

例 人口が＿＿＿する。

651

使い分け

見込み。予想。

例 どうしたらよいか＿＿＿がつかない。

652

使い分け

こうひょう

公表

657

使い分け

こうひょう
好評

658

使い分け

さ
割く

659

使い分け

さ
裂く

660

使い分け

しじ
支持

661

使い分け

しじ
指示

662

使い分け

しゅうし
収支

663

使い分け

しゅうし
終始

664

使い分け

賛成して助けること。

例 私の意見が______された。

661

使い分け

❶ 指し示すこと。

❷ 指図すること。指図。

例 ❶ 行き先を矢印で______する。
❷ 現場監督の______に従う。

662

使い分け

入ってくるお金と、出ていくお金。収入と支出。

例 ______が合わない。

663

使い分け

始めから終わりまで、変わらずやり通すこと。

例 平和運動に______した一生。

664

使い分け　類 公開

世の中に広く発表すること。

例 事実を______する。

657

使い分け　対 悪評、不評

よい評判。

例 新作は______だ。／映画が______を博する。

658

使い分け

あるもののために、特に一部を分ける。

例 調べものに時間を______。

659

使い分け

❶ 力を加えて、勢いよく引っ張って、破る。

❷ 無理に引きはなす。

例 ❶ 古い布を______。
❷ ふたりの仲を______。

660

使い分け

しゅうしゅう

収拾

665

使い分け

しゅうしゅう

収集

666

使い分け

そうぞう

創造

667

使い分け

そうぞう

想像

668

使い分け

たいしょう

対称

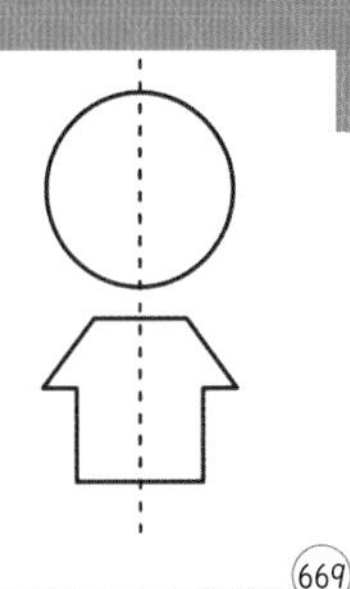

669

使い分け

たいしょう

対象

670

使い分け

たいしょう

対照

671

使い分け

ついきゅう

追及

672

使い分け

二つの点・線・形などが、一つの点・線・面を境にして完全に向き合う位置にあること。

例 左右______の図形。

669

使い分け

ある物事に働きかけるとき、その目当てとなるもの。

例 小学生が______の本。

670

使い分け

❶ 二つのものを照らし合わせて、比べること。

❷ 反対の性質を持つものを比べたときの明らかなちがい。

例 ❶ 二つを______する。　❷ ______的なふたり。

671

使い分け

〔のがれようとするものを〕どこまでもあきらめずに調べ、追いつめること。また、問いつめること。

例 政治家の責任を______する。

672

使い分け

乱れている物事を収めて、まとめること。

例 ものが多すぎて______がつかない。

665

使い分け

集めること。また、集めたもの。

例 ごみを______する。

666

使い分け

類 創作

今までにないものを新しく作り出すこと。

例 新しい文化を______する。

667

使い分け

実際にそこにないものや、まだ経験していないことがらを、心に思うこと。また、その考え。

例 十年後の自分を______する。

668

使い分け

追求（ついきゅう）

673

使い分け

慎む（つつしむ）

674

使い分け

謹む（つつしむ）

675

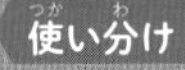

努める（つとめる）

676

使い分け

務める（つとめる）

677

使い分け

勤める（つとめる）

678

使い分け

同行（どうこう）

679

使い分け

動向（どうこう）

680

使い分け

❶ 役目を受け持つ。
❷ 劇などで役を演じる。

例 ❶ 案内係を＿＿＿。
❷ 主役を＿＿＿。

677

使い分け

役所や会社などに行って働く。

例 会社に＿＿＿。

678

使い分け　類 同伴

一緒に行くこと。また、一緒に行く人。

例 選手団に医師が＿＿＿する。

679

使い分け　類 動静、形勢、傾向

人や社会などの動き。また、その方向。

例 世論の＿＿＿をさぐる。

680

使い分け

〔目当てのものを〕どこまでも追いかけて、手に入れようとすること。

例 理想の味を＿＿＿する。

673

使い分け

❶ まちがいのないように気をつける。また、まちがったことをしないように気をつける。
❷〔量などを〕ひかえめにする。

例 ❶ 言葉を＿＿＿。　❷ 酒を＿＿＿。

674

使い分け

《「謹んで」の形で》ていねいに…する。うやうやしくする。

例 謹んでお祝いを申し上げます。

675

使い分け

努力して行う。力をつくす。

例 早く完成させようと＿＿＿。

676

使い分け

どうよう

同様

681

使い分け

どうよう

動揺

682

使い分け

とくちょう

特長

683

使い分け

とくちょう

特徴

684

使い分け

なお

治す

685

使い分け

なお

直す

686

使い分け

はか

図る

687

使い分け

はか

計る

688

使い分け

〔病気やけがを〕手当てして、体をもとの健康な状態にする。

例 けがを＿＿＿ために通院する。

685

使い分け

❶〔まちがったところを〕改めて、正しくする。

❷もとのとおりに、よくする。

例 ❶まちがった言葉づかいを＿＿＿。
❷こわれた自転車を＿＿＿。

686

使い分け

実現するように、いろいろと考えて、試みる。

例 問題の解決を＿＿＿。

687

使い分け

❶時間・数などを調べる。

❷推しはかる。推定する。

例 ❶マラソンのタイムを計る。
❷相手の心を計りかねる。

688

使い分け　類 同然、同等

同じである様子。

例 姉と＿＿＿、妹も背が高い。

681

使い分け

気持ちがゆれ動き、落ち着かないこと。

例 真相を聞き、心が＿＿＿している。

682

使い分け

ほかのものに比べて、特にすぐれているところ。

例 この本の＿＿＿は、くわしい資料がついていることだ。

683

使い分け　類 特色

ほかのものと比べて、特に目立つところ。

例 ヘアスタイルに＿＿＿がある。

684

使い分け（つかいわけ）

はか
測る

689

使い分け（つかいわけ）

はか
量る

690

使い分け（つかいわけ）

はっそう
発送

691

使い分け（つかいわけ）

はっそう
発想

692

使い分け（つかいわけ）

ひっし
必死

693

使い分け（つかいわけ）

ひっし
必至

694

使い分け（つかいわけ）

ひなん
非難

695

使い分け（つかいわけ）

ひなん
避難

696

使い分け　類 決死

〔命をかけるほど〕一生懸命になること。

例 ダンスのふりつけを＿＿＿に覚える。
＿＿＿の思いで試練にたえる。

693

使い分け　類 必然

必ずそうなるにちがいないこと。

例 こんな練習では、試合に負けるのは＿＿＿だ。

694

使い分け

人の失敗や欠点などを取り上げ、それを責めること。

例 ミスを＿＿＿される。

695

使い分け

危険をさけるために、安全な場所ににげること。

例 安全なところに＿＿＿する。／＿＿＿訓練。

696

使い分け

長さや高さなどを調べる。

例 メジャーできょりを＿＿＿。

689

使い分け

重さや容積などを調べる。

例 はかりで重さを＿＿＿。

690

使い分け

〔品物や郵便物を〕送り出すこと。

例 小包を＿＿＿する。

691

使い分け

思いつくこと。また、思いついたもの。

例 自由な＿＿＿から生まれた商品。

692

ふ きゅう
不朽

697

使い分け

ふ きゅう
普及

698

使い分け

ほう ふ
抱負

699

使い分け

ほう ふ
豊富

700

使い分け

や さ
易しい

701

使い分け

や さ
優しい

702

使い分け

ゆう こう
友好

703

使い分け

ゆう こう
有効

704

使い分け　　対 難しい

❶ 簡単にできること。

❷ わかりやすいこと。

例 ❶ すらすら解ける＿＿＿問題。
❷ 子どもにも読める＿＿＿本。

701

使い分け

思いやりがあって、親切な様子。

例 ＿＿＿孫を持つ。

702

使い分け

友だちとしての仲のよい交わり。

例 隣国との＿＿＿関係を保つ。
＿＿＿的な態度を示す。

703

使い分け　　対 無効

❶ 効き目があること。役に立つこと。

❷〔ある決まりによって〕使うことができること。

例 ❶ 休暇を＿＿＿に使う。
❷ この切符は五日間＿＿＿です。

704

使い分け　　類 不滅

値打ちが下がることがなく、いつまでも残ること。

例 ＿＿＿の名作と呼ぶにふさわしい作品。

697

使い分け

広く行きわたること。

例 タブレットは全国の学校に＿＿＿しつつある。

698

使い分け

心の中で考えている望みや計画。

例 将来の＿＿＿を語る。

699

使い分け

豊かで、たくさんあること。

例 地下資源が＿＿＿にある。／＿＿＿な経験。

700

カタカナ語

アクティブ

705

カタカナ語

アピール

706

カタカナ語

インパクト

707

カタカナ語

エキスパート

708

カタカナ語

エピソード

709

カタカナ語

オーラ

710

カタカナ語

カリスマ

711

カタカナ語

ギャップ

712

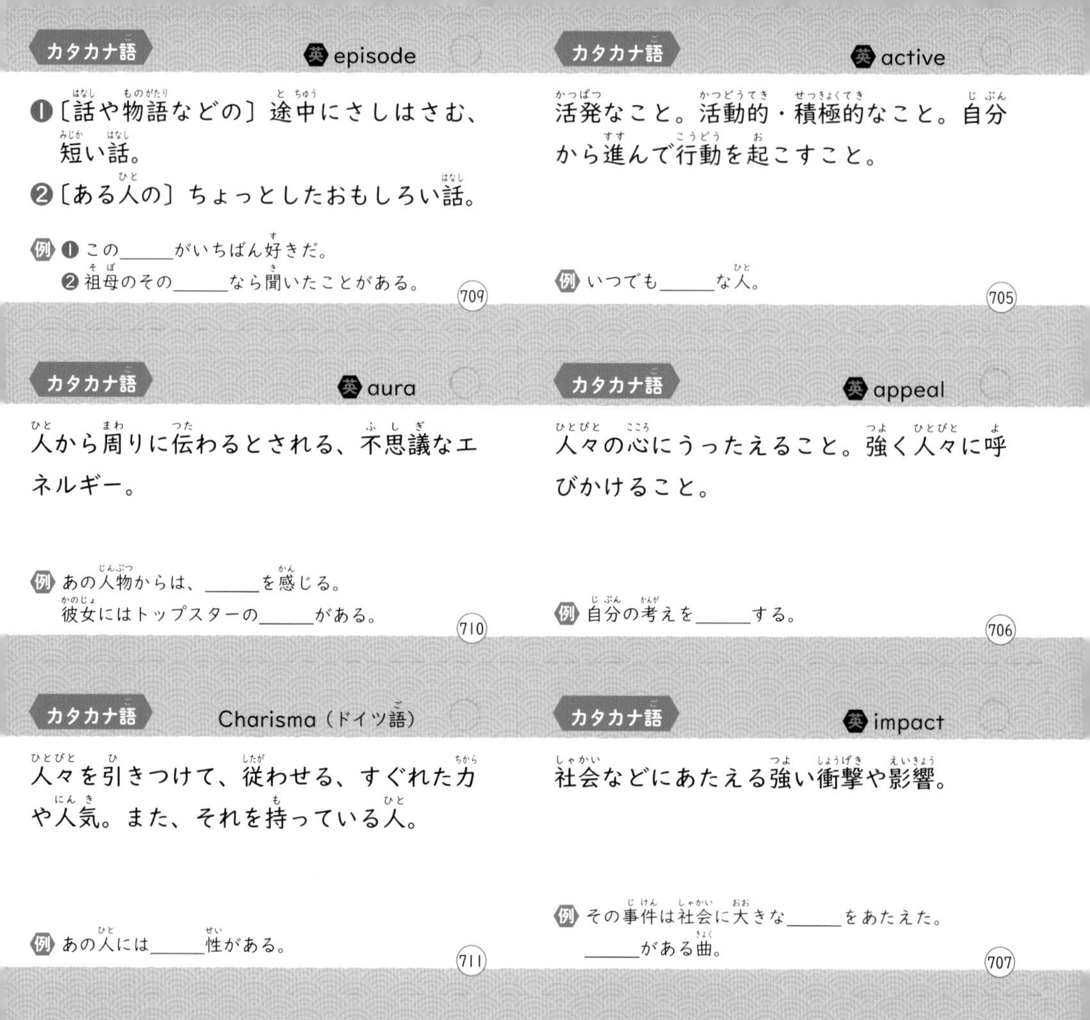

カタカナ語　英 episode

❶〔話や物語などの〕途中にさしはさむ、短い話。

❷〔ある人の〕ちょっとしたおもしろい話。

例 ❶ この______がいちばん好きだ。
❷ 祖母のその______なら聞いたことがある。

709

カタカナ語　英 aura

人から周りに伝わるとされる、不思議なエネルギー。

例 あの人物からは、______を感じる。
彼女にはトップスターの______がある。

710

カタカナ語　Charisma（ドイツ語）

人々を引きつけて、従わせる、すぐれた力や人気。また、それを持っている人。

例 あの人には______性がある。

711

カタカナ語　英 gap

へだたり。すきま。くいちがい。

例 ふたりの意見の______をうめる。
外と家との______が大きい。

712

カタカナ語　英 active

活発なこと。活動的・積極的なこと。自分から進んで行動を起こすこと。

例 いつでも______な人。

705

カタカナ語　英 appeal

人々の心にうったえること。強く人々に呼びかけること。

例 自分の考えを______する。

706

カタカナ語　英 impact

社会などにあたえる強い衝撃や影響。

例 その事件は社会に大きな______をあたえた。
______がある曲。

707

カタカナ語　類 ベテラン　英 expert

あることがらに特にすぐれた才能や技術を持っている人。専門家。

例 彼はこの分野の______だ。

708

カタカナ語

キャリア

713

カタカナ語

キャンセル

714

カタカナ語

クレーム

715

カタカナ語

グローバル

716

カタカナ語

コスト

717

カタカナ語

コミュニケーション

718

カタカナ語

コラボレーション

719

カタカナ語

コンプレックス

とべないのコンプレックスなの?

720

カタカナ語 英 cost

ものを作るのにかかる費用。原価。

例 ＿＿を下げる。／＿＿のかかる料理。

717

カタカナ語 英 communication

言葉や文字などを使って、人と人との気持ちや意見などを取り交わすこと。

例 海外の人との＿＿をはかる。

718

カタカナ語 英 collaboration

ちがう分野の人などが一緒になって何かを作ったり、行ったりすること。コラボ。

例 歌手とダンサーが＿＿する。

719

カタカナ語 英 complex

ほかの人に比べて、自分がひどくおとっているように感じる気持ち。劣等感。

例 実は＿＿がある。／＿＿を克服する。

720

カタカナ語 英 career

仕事や技術などについての経験。経歴。

例 豊富な＿＿を持つ選手。／＿＿不足。

713

カタカナ語 英 cancel

予約や契約などを取り消すこと。

例 ホテルの予約を＿＿する。

714

カタカナ語 英 claim

苦情。文句。

例 買ったばかりの商品がこわれ、＿＿をつけた。

715

カタカナ語 英 global

国内だけでなく、世界的規模の。地球的規模の。

例 環境問題は＿＿な課題だ。

716

カタカナ語

サステナビリティー

721

カタカナ語

シェア

722

カタカナ語

ジェネレーション

723

カタカナ語

ジャンル

724

カタカナ語

ジレンマ

725

カタカナ語

スタンス

726

カタカナ語

スピーチ

727

カタカナ語

センス

728

カタカナ語 英 dilemma

対立する二つのことがらの間に立って、どちらに決めてよいか迷うこと。

例 ______に陥る。

725

カタカナ語 英 stance

❶ 立場。態度。

❷ 野球やゴルフなどで、ボールを打つときの足の開き具合。

例 ❶ 中立の______。

❷ ______を広くとる。

726

カタカナ語 英 speech

大勢の人の前でする、短い話。簡単な演説。

例 原稿を見ずに______する。／テーブル______。

727

カタカナ語 英 sense

物事の、細かなちがいや意味などを感じ取る力。

例 ______のいい服装。／______をみがく。

728

カタカナ語 英 sustainability

資源を浪費せず、持続させていくこと。

例 ______が今後の行動のかぎだ。

721

カタカナ語 英 share

❶ 共有すること。分け合うこと。

❷〔「マーケットシェア」の略で〕商品の市場で占める割合。

例 ❶ ふたりでケーキを______する。／ルーム______。

❷ ______80 パーセントの大ヒット商品。

722

カタカナ語 英 generation

世代。

例 ヤング______（若い世代）。

______ギャップ（世代間格差）。

723

カタカナ語 genre（フランス語）

種類。特に、文芸や音楽などの区別のこと。

例 特定の______の本を読みあさる。

どんな______の音楽が好きですか。

724

カタカナ語

デメリット

729

カタカナ語

トラブル

730

カタカナ語

ニーズ

731

カタカナ語

ニュアンス

732

カタカナ語

ニュートラル

733

カタカナ語

ネガティブ

734

カタカナ語

パフォーマンス

735

カタカナ語

フィクション

736

カタカナ語　英 neutral

中立。中間。どちらでもないこと。

例 ＿＿＿な立場を守る。

733

カタカナ語　対 メリット　英 demerit

短所。欠点。

例 この計画には＿＿＿が多い。

729

カタカナ語　対 ポジティブ　英 negative

消極的である様子。否定的である様子。

例 ＿＿＿に考えがちだ。

734

カタカナ語　英 trouble

❶ もめごと。ごたごた。
❷ 機械の故障。

例 ❶ ＿＿＿が発生する。
❷ エンジン＿＿＿。

730

カタカナ語　英 performance

❶ 演劇や音楽などで、一回ごとにちがうものを上演すること。また、その芸。
❷ 路上などで、人目を引くためにする行動。

例 ❶ サーカスの＿＿＿に感動した。
❷ その＿＿＿は評判となった。

735

カタカナ語　英 needs

必要。要求。

例 消費者の＿＿＿に応える。

731

カタカナ語　対 ノンフィクション　英 fiction

考えて作り出した、実際にはない話や筋。

例 この話はまったくの＿＿＿だ。

736

カタカナ語　nuance（フランス語）

色・音・意味・調子などの、ごくわずかなちがい。びみょうな味わい。

例 より赤の＿＿＿が明るめの服がほしい。

732

カタカナ語

プライド

737

カタカナ語

プライバシー

738

カタカナ語

プレゼンテーション

739

カタカナ語

プロセス

740

カタカナ語

プロフェッショナル

741

カタカナ語

ポジティブ

742

カタカナ語

メリット

743

カタカナ語

モチベーション

744

カタカナ語　英 pride

自分をすぐれたものと思う気持ち。ほこり。自尊心。

例 高い______を持つ。／______が傷つけられる。

737

カタカナ語　英 privacy

自分のことをほかの人々に知られたくないこと。また、人々に知られたくない自分の生活。

例 他人の______を侵害する。／______を守る。

738

カタカナ語　英 presentation

企画や計画などについて資料を用いて説明すること。プレゼン。

例 海外の人へ、日本文化について______する。

739

カタカナ語　英 process

❶ 仕事の順序。
❷ 物事が進んでいく筋道。

例 ❶ ______どおりに組み立てる。
❷ 話し合いの______を大事にする。

740

カタカナ語　対 アマチュア　英 professional

ある仕事を職業としていること。また、専門的である様子。

例 彼は______な作曲家だ。

741

カタカナ語　対 ネガティブ　英 positive

積極的である様子。肯定的である様子。

例 何事にも______な人。

742

カタカナ語　対 デメリット　英 merit

ある物事を行うことによって得られる利益。利点。価値。

例 機械化による______は大きい。
何の______もない話し合い。

743

カタカナ語　英 motivation

〔何かをしようとしたり、目標を持ったりすることに〕理由をつけること。また、その理由や原因。動機づけ。

例 仕事への______を高める。

744

カタカナ語

モラル

745

カタカナ語

ユーモア

746

カタカナ語

ユニーク

747

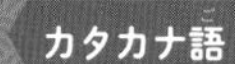
カタカナ語

ユニバーサル

748

カタカナ語

ランダム

749

カタカナ語

リアル

750

カタカナ語

リスク

751

カタカナ語

ルーツ

752

カタカナ語　英 random

手当たりしだいであること。思いつくままであること。アトランダム。

例 ______に当選者を選ぶ。

749

カタカナ語　英 real

ありのままである様子。現実的にありそうな様子。

例 昔の出来事を______に思い出す。

750

カタカナ語　英 risk

損害を受けるかもしれない危険。

例 その案は______が高い。／______を回避する。

751

カタカナ語　英 roots

❶ 祖先。
❷ 物事の始まり。起源。

例 ❶ 人類の______をさぐる。
❷ 日本語の______。

752

カタカナ語　英 moral

社会生活をするのに、人間として守らなくてはならない決まり。道徳。倫理。

例 ______が乱れる。／______を大切にする。

745

カタカナ語　英 humour

上品なしゃれ。気の利いたおかしみ。

例 ______にあふれた話しぶり。／______のある人。

746

カタカナ語　英 unique

ほかに同じようなものがない様子。独特。特異。

例 ______な体験をする。／______な帽子。

747

カタカナ語　英 universal

すべてに共通である様子。一般的。

例 ______デザインの文具を選ぶ。

748

ことわざ

青菜（あおな）に塩（しお）

753

ことわざ　故事成語（こじせいご）

悪事千里（あくじせんり）を走（はし）る

754

ことわざ

後（あと）は野（の）となれ山（やま）となれ

755

ことわざ

虻蜂（あぶはち）取（と）らず

756

ことわざ

雨降（あめふ）って地固（じかた）まる

757

ことわざ

石（いし）の上（うえ）にも三年（さんねん）

758

ことわざ

石橋（いしばし）をたたいて渡（わた）る

759

ことわざ

医者（いしゃ）の不養生（ふようじょう）

760

ことわざ

〔青菜に塩をかけると、しおれることから〕いっぺんに元気をなくすこと。

例 ＿＿＿といった様子だ。父にしかられた兄は＿＿＿といった様子だ。

753

ことわざ　故事成語　対 好事門をいでず

悪いうわさは、すぐに広まる。「悪事千里を行く」「悪事千里」ともいう。

例 ＿＿＿で、悪い評判はあっと言う間に伝わる。

754

ことわざ

〔今していることがうまくいけば〕そのあとのことや結果は、どうなっても構わないということ。

例 無理矢理に仕事を終わらせた。＿＿＿だ。

755

ことわざ　類 二兎を追う者は一兎をも得ず

二つのものを同時に手に入れようとして、どちらも手に入れられないこと。

例 結局、＿＿＿に終わってしまった。

756

ことわざ

悪いことやいやなことなどがあったあとは、かえって前よりもよくなるということ。

例 ＿＿＿で、けんかのあとは前より仲よくなった。

757

ことわざ

何事もがまん強く行えば、必ず成功するということ。

例 ＿＿＿で、とうとう実験に成功した。

758

ことわざ

とても用心深く行動すること。「石橋をたたく」ともいう。

例 ＿＿＿ような、慎重な性格だ。

759

ことわざ　類 紺屋の白袴

他人には注意できても、自分のことになるとおろそかになること。理屈はわかっていても、実際にやるのは難しいこと。

例 ＿＿＿で、医師がかぜを引いた。

760

ことわざ

急(いそ)がば回(まわ)れ

761

ことわざ

一(いち)を聞(き)いて十(じゅう)を知(し)る

762

ことわざ

一寸(いっすん)の虫(むし)にも五分(ごぶ)の魂(たましい)

763

ことわざ

犬(いぬ)も歩(ある)けば棒(ぼう)に当(あ)たる

764

ことわざ

井(い)の中(なか)のかわず大海(たいかい)を知(し)らず

765

ことわざ

鵜(う)の目(め)鷹(たか)の目(め)

766

ことわざ

馬(うま)の耳(みみ)に念仏(ねんぶつ)

767

ことわざ

売(う)り言葉(ことば)に買(か)い言葉(ことば)

768

ことわざ

ものの見方や考え方がせまい人をたとえていう言葉。「かわず」は、かえるのこと。

例 ______ということにならないように、いろいろなところに行ってみよう。

765

ことわざ

悪い印象をあたえるくらいに熱心に探す様子。また、その目つき。

例 掘り出し物はないかと、______で探す。

766

ことわざ

類 馬耳東風、のれんに腕押し

いくら注意されても少しもそれを聞き入れようとしない様子。また、いくら言っても、効き目のないこと。

例 口うるさく注意しても、______だ。

767

ことわざ

〔けんかをしかけるような〕相手の乱暴な言葉に対して、思わず同じように言い返すこと。

例 ______で、ひどいことを言ってしまった。

768

ことわざ

急いで危ない方法をとるより、時間がかかっても安全な方法をとったほうが、かえって早く物事を成しとげることができること。

例 ______というから、あせらずにやろう。

761

ことわざ

一部分を聞いただけで全体を理解するということ。頭の働きのよいことのたとえ。

例 ______、頭の回転のよさ。

762

ことわざ

どんなに小さくて弱いものにでも心や意地があるから、軽く見ることはできないこと。

例 ______というとおり、はちをおこらせてさされたらたいへんだ。

763

ことわざ

❶ 出歩いて思いがけない幸運にあうこと。
❷ しなくてもよいことをして、悪いことが起きること。

例 ❶ ______で、散歩中すてきなお店を見つけた。
❷ ______というし、雨の日には家にいよう。

764

ことわざ

海老(えび)で鯛(たい)を釣(つ)る

769

ことわざ

縁(えん)の下(した)の
力持(ちからも)ち

770

ことわざ

鬼(おに)に金棒(かなぼう)

771

ことわざ

帯(おび)に短(みじか)し
たすきに長(なが)し

772

ことわざ

おぼれる者(もの)は
藁(わら)をもつかむ

773

ことわざ

飼(か)い犬(いぬ)に
手(て)をかまれる

774

ことわざ

蛙(かえる)の子(こ)は蛙(かえる)

775

ことわざ

かっぱの
川流(かわなが)れ

776

ことわざ

とても困っている人は、たよりにならないものでもたよりにするということ。「藁にもすがる」「藁をもつかむ」ともいう。

例 がけから落ちそうになり、＿＿＿で、細い草につかまった。

773

ことわざ

世話をしたり、かわいがっていたりした者にそむかれて、ひどい目にあうこと。

例 弟子に裏切られるなんて、＿＿＿とはこのことだ。

774

ことわざ

〔おたまじゃくしがかえるになるように〕結局、子どもは親に似てしまうものだということ。

例 ＿＿＿で、親子そろって泳ぐのが得意だ。

775

ことわざ　類 猿も木から落ちる、弘法にも筆の誤り

〔泳ぎの上手なかっぱでも川に流されておぼれるということから〕どんな名人でも失敗することがある。

例 得意種目とはいえ、＿＿＿とならないように注意しよう。

776

ことわざ

わずかなものをもとにして、値打ちのあるものを手に入れること。「海老鯛」ともいう。

例 留守番をしておこづかいをもらうなんて、＿＿＿ようなものだ。

769

ことわざ

人の気づかない大切なところで、人の仕事を助けること。また、そのような人。

例 ＿＿＿として、クラブのためにつくす。

770

ことわざ

〔ただでさえ強い鬼に鉄の棒を持たせるということから〕強いうえに、さらに強くなること。

例 きみが入ってくれれば、うちのチームは＿＿＿だ。

771

ことわざ

〔帯にするには短く、たすきにするには長いという意味で〕中途半端で、どちらの役にも立たないこと。

例 このひもは＿＿＿で、使い道がない。

772

ことわざ

壁(かべ)に耳(みみ)あり
障子(しょうじ)に目(め)あり

777

ことわざ

果報(かほう)は
寝(ね)て待(ま)て

778

ことわざ

亀(かめ)の甲(こう)より
年(とし)の功(こう)

779

ことわざ

枯(か)れ木(き)も
山(やま)のにぎわい

780

ことわざ

雉(きじ)も鳴(な)かずば
うたれまい

781

ことわざ

木(き)で鼻(はな)を
くくる

782

ことわざ　故事成語(こじせいご)

漁夫(ぎょふ)の利(り)

783

ことわざ

怪我(けが)の功名(こうみょう)

784

ことわざ　類 口は災いの元

余計なことを言ったためにわざわいを招く、ということ。

例 ＿＿＿というから、だまっていよう。

781

ことわざ

冷たく、愛想のない態度で、受け答えをする。

例 ＿＿＿ような、そっけない対応。

782

ことわざ　故事成語

〔争っていたシギとはまぐりの両方を手に入れた漁師の話から〕ふたりが利益を得ようと争っているときに、それ以外の人がたやすくその利益を得ること。

例 ＿＿＿を得る機会をうかがう。

783

ことわざ

何気なくしたことや、まちがってしたことが、思いがけずよい結果になること。

例 思いつきでお酢を入れてみたら、＿＿＿で、よい味つけになった。

784

ことわざ

秘密はもれやすいということ。

例 ＿＿＿だから、ここで内緒話はやめておこう。

777

ことわざ　類 待てば海路の日和あり

幸せは（人の力ではどうにもならないので）その時機が訪れるまであせらずに待つのがよいということ。

例 ＿＿＿というから、昼寝をして結果発表を待とう。

778

ことわざ

長い間の経験で身につけたものは、とても尊いという教え。

例 ＿＿＿で、さすがにお年寄りは何でもよく知っている。

779

ことわざ

〔つまらない枯れ木でも、山におもむきをそえるということから〕つまらないものでも、ないよりはよいということ。

例 ＿＿＿ということで、私も同窓会に参加します。

780

ことわざ

弘法(こうぼう)にも筆(ふで)の誤(あやま)り

785

ことわざ

紺屋(こうや)の白袴(しろばかま)

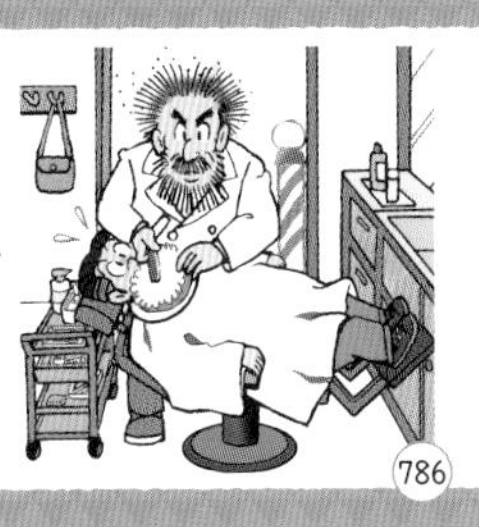

786

ことわざ　故事成語(こじせいご)

五十歩百歩(ごじっぽひゃっぽ)

787

ことわざ

転(ころ)ばぬ先(さき)の杖(つえ)

788

ことわざ

猿(さる)も木(き)から落(お)ちる

789

ことわざ

三人(さんにん)寄(よ)れば文殊(もんじゅ)の知恵(ちえ)

790

ことわざ

朱(しゅ)に交(まじ)われば赤(あか)くなる

791

ことわざ

知(し)らぬが仏(ほとけ)

792

ことわざ　類 弘法にも筆の誤り、かっぱの川流れ

〔木登りの得意なさるでも、木から落ちることがあるということから〕どんな名人でも失敗することがある。

例 アナウンサーが原稿を読みまちがえた。＿＿＿、だね。

789

ことわざ

どんなに難しい問題でも三人集まって考えれば、文殊(＝知恵のある、ぼさつの名)のようなすぐれた考えが出せるということ。

例 みんなでよく考えてみよう。＿＿＿だよ。

790

ことわざ

人はつき合う友だちによって、よくもなれば悪くもなる。人間は周りに影響されやすいということ。

例 ＿＿＿というとおり、友だちの影響でいたずらばかりしている。

791

ことわざ

知っていれば気になるが、知らなければ平気でいられるということ。

例 ペンキぬり立てのベンチとは気づかずにくつろいでいる。＿＿＿だね。

792

ことわざ　類 猿も木から落ちる、かっぱの川流れ

〔書道の名人の弘法大師でも、書きまちがえることがあるということから〕どんな名人でも失敗することがある。

例 先生が字をまちがえるなんて、まさに＿＿＿だ。

785

ことわざ　類 医者の不養生

あることの専門家が他人のことばかりして、自分のことにまったく構わないこと。「紺屋」は「紺屋」ともいう。

例 ＿＿＿で、理容師自身が髪を切るひまがない。

786

ことわざ　故事成語　類 大同小異

ちがうように見えても、実際はほとんど同じであまりよくないこと。

例 彼より点数がよかったと言っても＿＿＿だ。

787

ことわざ　類 念には念を入れる

失敗しないように、前からよく注意することが必要だということ。

例 ＿＿＿で、しっかり準備をしておこう。

788

ことわざ

好(す)きこそ物(もの)の上手(じょうず)なれ

793

ことわざ

雀百(すずめひゃく)まで踊(おど)り忘(わす)れず

794

ことわざ

住(す)めば都(みやこ)

795

ことわざ

背(せ)に腹(はら)は替(か)えられない

796

ことわざ

善(ぜん)は急(いそ)げ

797

ことわざ　故事成語(こじせいご)

他山(たざん)の石(いし)

798

ことわざ

立(た)つ鳥跡(とりあと)を濁(にご)さず

799

ことわざ

立(た)て板(いた)に水(みず)

800

ことわざ　類 思い立ったが吉日

よいことは、思いついたら、ためらわずにすぐ行えという教え。

例 ＿＿＿だ。今すぐ行こう。

797

ことわざ　故事成語　類 人のふり見て我がふり直せ

ほかの人の言葉や失敗を見て、自分のいましめにすれば、自分をよくするのに役立つものだということ。

例 友だちの不注意を＿＿＿とする。

798

ことわざ

よそに移るときは、あとが見苦しくないように、きちんと始末をしておかなければならない。

例 ＿＿＿で、引っこし前に部屋をそうじしよう。

799

ことわざ

〔立てかけてある板に水を流すように〕つかえないで、すらすら話すことのたとえ。

例 ＿＿＿の、わかりやすい説明。

800

ことわざ　対 下手の横好き

何事でも、好きであれば一生懸命にするから上手になるということ。

例 子どものころから絵が好きで、イラストレーターになった。＿＿＿だね。

793

ことわざ　類 三つ子の魂百まで

幼いときに身についた習慣は、年をとっても忘れないということ。

例 ＿＿＿というから、小さいうちによい習慣を身につけよう。

794

ことわざ

どんな場所でも、慣れればそこがいちばん住みやすくなるということ。

例 ＿＿＿で、小さな家でも居心地がよい。

795

ことわざ

目の前の問題を切りぬけるには、損得など構っていられないということ。

例 ＿＿＿というから、損をしてでも安全な策を選ぼう。

796

ことわざ

棚(たな)から牡丹餅(ぼたもち)

801

ことわざ

ちりも積(つ)もれば山(やま)となる

802

ことわざ

月(つき)とすっぽん

803

ことわざ

灯台下暗(とうだいもとくら)し

804

ことわざ

捕(と)らぬ狸(たぬき)の皮算用(かわざんよう)

805

ことわざ　故事成語(こじせいご)

虎(とら)の威(い)を借(か)る狐(きつね)

806

ことわざ

どんぐりの背比(せいくら)べ

807

ことわざ

とんびが鷹(たか)を生(う)む

808

ことわざ

まだ手にしていないうちから、うまくいったことにして計算すること。

例 お年玉で何を買おうかと、＿＿＿をする。

805

ことわざ 故事成語

〔自分には力がないのに〕強い人の力をたより、そのかげにかくれていばること。

例 兄がクラブの部長だからといっていばる弟は、まさに＿＿＿だ。

806

ことわざ

どれも同じくらいで、特にすぐれたものがないこと。

例 今回の応募作品は＿＿＿で、順位をつけるのに困った。

807

ことわざ

平凡な親からすぐれた子どもが生まれるたとえ。「とびが鷹を生む」ともいう。

例 両親はスポーツに縁がないのに娘がオリンピックに出場するなんて、＿＿＿だ。

808

ことわざ

何もしないのに思いがけない幸運に出会うこと。「棚ぼた」ともいう。

例 ＿＿＿で、賞品を手に入れた。

801

ことわざ

ほんのわずかなものでも、積もり重なれば立派なものになるというたとえ。

例 少しずつ貯金をしていたら、＿＿＿で、こんなにたまった。

802

ことわざ 類 提灯に釣り鐘、雲泥の差

見た目の似ている二つのもののちがいが、とても大きいことのたとえ。よいものと、そうでないもののちがいを表すことが多い。

例 二つの作品は、構図は同じだが＿＿＿だ。

803

ことわざ

身近なことは、かえって気がつきにくいことのたとえ。「灯台」は、ろうそくを立て、火をともす台。

例 なくしたと思っていた本が本だなの後ろに落ちていた。＿＿＿だ。

804

ことわざ

泣(な)きっ面(つら)に蜂(はち)

809

ことわざ

七転(ななころ)び八起(やお)き

810

ことわざ

二階(にかい)から目薬(めぐすり)

811

ことわざ

二兎(にと)を追(お)う者(もの)は一兎(いっと)をも得(え)ず

812

ことわざ

糠(ぬか)に釘(くぎ)

813

ことわざ

寝耳(ねみみ)に水(みず)

814

ことわざ

念(ねん)には念(ねん)を入(い)れる

815

ことわざ

能(のう)ある鷹(たか)は爪(つめ)を隠(かく)す

816

ことわざ　類 豆腐にかすがい、のれんに腕押し

〔ぬかの中にくぎを打っても効き目がないように〕いくら努力しても、手応えや効き目のないこと。

例 いくらしかっても＿＿＿だ。

813

ことわざ

急に思いがけないことが起こり、おどろくこと。

例 となりに大きなビルが建つなんて＿＿＿だ。

814

ことわざ　類 転ばぬ先の杖

よく確かめたうえに、さらに確かめる。

例 念には念を入れて戸じまりをする。

815

ことわざ

本当にすぐれた才能のある人は、むやみにそれを見せびらかさないということ。

例 物静かな人だが、＿＿＿で、武道の達人だ。

816

ことわざ　類 弱り目にたたり目、踏んだり蹴ったり

〔泣いている顔をはちがさすということから〕苦しんでいるときに、さらに心配事や苦しみが重なること。

例 転んだうえに、さいふまで落として、まったく＿＿＿だ。

809

ことわざ　類 七転八起

〔起きているものが、七回転んでも最後は起き上がる意味から〕何度失敗しても、それに負けないでがんばること。

例 ＿＿＿というから、くじけずに努力しよう。

810

ことわざ

〔二階から、下にいる人に目薬をさしてやるように〕とても回りくどいこと。また、まったく効果のないこと。

例 ＿＿＿のむだな政策。

811

ことわざ　類 虻蜂取らず

二つのことを同時にしようとすると、どちらも成功しないこと。「兎」は、うさぎのこと。

例 ＿＿＿というから、目標は一つにしぼるべきだ。

812

ことわざ

喉元(のどもと)過(す)ぎれば
熱(あつ)さを忘(わす)れる

817

ことわざ

のれんに腕押(うでお)し

818

ことわざ

早起(はやお)きは
三文(さんもん)の得(とく)

819

ことわざ

人(ひと)のうわさも
七十五日(しちじゅうごにち)

820

ことわざ

人(ひと)のふり見(み)て
我(わ)がふり直(なお)せ

821

ことわざ　故事成語(こじせいご)

百聞(ひゃくぶん)は
一見(いっけん)にしかず

822

ことわざ

豚(ぶた)に真珠(しんじゅ)

823

ことわざ

仏(ほとけ)の顔(かお)も
三度(さんど)

824

ことわざ

類 他山の石

他人の行いがよくないときは、自分もそのような行いをしていないか、反省してみるとよいということ。

例 ______だ。友だちの失敗を笑ってはいけないよ。

821

ことわざ　故事成語

何回も人の話を聞くだけよりも、一度でもいいから実際に見るほうがずっとよくわかるということ。

例 ______というから、会場を下見しておこう。

822

ことわざ

類 猫に小判

いくら値打ちのあるものでも、それがわからない者には役に立たないということ。

例 ペットにアクセサリーなんて、まさに______だよ。

823

ことわざ

どんなに情け深い人でも、何度もひどいことをされればおこり出す、ということ。

例 ______というから、そろそろいたずらをやめよう。

824

ことわざ

苦しいことでも過ぎてしまえば、その苦しさをすぐ忘れてしまうということ。

例 ______で、夏休みの宿題にとりかかるのが今年もぎりぎりになってしまった。

817

ことわざ

類 糠に釘、豆腐にかすがい

いくら力を入れても手応えのないこと。

例 何を言っても表情を変えず、まったく______だ。

818

ことわざ

朝早く起きると何かよいことがあるということ。「得」は「徳」とも書く。

例 早起きして運動すると健康によい。______だよ。

819

ことわざ

世の中のうわさはいつの間にか消えていくものである、ということ。

例 あんなにさわがれていたのに、______というように、今ではだれもその話をしない。

820

ことわざ

待(ま)てば
海路(かいろ)の
日和(ひより)あり

825

ことわざ

身(み)から出(で)た
さび

826

ことわざ

三(み)つ子(ご)の魂(たましい)百(ひゃく)まで

827

ことわざ

餅(もち)は餅屋(もちや)

828

ことわざ

柳(やなぎ)の下(した)にいつも
どじょうはいない

829

ことわざ

やぶから棒(ぼう)

830

ことわざ　故事成語(こじせいご)

良薬(りょうやく)は
口(くち)に苦(にが)し

831

ことわざ

渡(わた)る世間(せけん)に
鬼(おに)はない

832

ことわざ　対 二度あることは三度ある

一度運よくうまくいったとしても、同じやり方でいつもうまくいくとは限らない。

例 ＿＿＿のだから、次回も楽ができるわけではない。

829

ことわざ

〔やぶにかくれていて、突然、棒をつき出すことから〕突然、物事をすること。

例 ＿＿＿に、おかしなことを言い出した。

830

ことわざ　故事成語　類 忠言耳に逆らう

〔よい薬は苦くて飲みにくいように〕他人から受ける忠告は聞きづらいが身のためになるというたとえ。

例 おしょうさんの注意をよく聞きなさい。＿＿＿だよ。

831

ことわざ

世の中には、心の冷たい人ばかりではなく、困ったときに助けてくれるやさしい人もいるものだ。

例 道に迷ったら、みんな親切にしてくれた。＿＿＿だね。

832

ことわざ　類 果報は寝て待て

物事がうまくいかないときは、あせらずに待てばよいときが来るものだ、ということ。

例 ＿＿＿というし、雨がやむまでのんびり過ごそう。

825

ことわざ

自分がした悪い行いのために、あとで自分が苦しむこと。

例 散らかしたままにするから、つまずいて転んだんだ。＿＿＿だよ。

826

ことわざ　類 雀百まで踊り忘れず

幼いころの性質は、年をとっても変わらないということ。

例 ＿＿＿で、子どものころと変わらず歌うことが大好きだ。

827

ことわざ

物事には、それぞれの専門家がいて、その人が最も上手であるということ。

例 ＿＿＿というし、料理はプロの料理人に任せるのがいちばんだ。

828

慣用句(かんようく)

相(あい)づちを打(う)つ

833

慣用句(かんようく)

揚(あ)げ足(あし)を取(と)る

834

慣用句(かんようく)

足(あし)が出(で)る

835

慣用句(かんようく)

足(あし)が棒(ぼう)になる

836

慣用句(かんようく)

足元(あしもと)を見(み)る

837

慣用句(かんようく)

足(あし)を洗(あら)う

838

慣用句(かんようく)

足(あし)を引(ひ)っ張(ぱ)る

839

慣用句(かんようく)

頭(あたま)が上(あ)がらない

840

慣用句

人の話に調子を合わせて受け答えをしたり、うなずいたりする。

例 説明を聞きながら、＿＿＿。

833

慣用句

類 言葉尻をとらえる

人の言った言葉じりやまちがいをとらえて、からかったり悪口を言ったりする。

例 人の＿＿＿のはよくないよ。

834

慣用句

予定していたお金では足りなくなる。また、損をする。

例 買い物をしすぎて、＿＿＿。

835

慣用句

長い間立ち続けたり歩き続けたりして、足が疲れる。

例 一日中立っていたので足が棒になった。

836

慣用句

相手の弱いところを見つけて、自分の思うとおりにしようとする。

例 足元を見て、客を誘導する。

837

慣用句

悪い仲間とのつき合いをやめる。また、ある商売や生活からぬけ出す。

例 だらしない生活から＿＿＿。

838

慣用句

物事がうまく進まないように、じゃまをする。ほかの人の成功をさまたげる。

例 チームの＿＿＿エラーをした。

839

慣用句

〔自分の能力がおとっていたり、自分が恩を受けたりしているため〕いつも相手におさえられている。

例 あの人にだけは＿＿＿。

840

慣用句(かんようく)

頭(あたま)が下(さ)がる

841

慣用句(かんようく)

あっけに取(と)られる

842

慣用句(かんようく)

後(あと)の祭(まつ)り

843

慣用句(かんようく)

穴(あな)があったら入(はい)りたい

844

慣用句(かんようく)

油(あぶら)を売(う)る

845

慣用句(かんようく)

泡(あわ)を食(く)う

846

慣用句(かんようく)

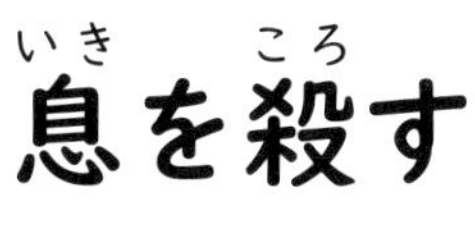

息(いき)を殺(ころ)す

847

慣用句(かんようく)

息(いき)をのむ

848

慣用句

仕事中や用事の途中に、むだ話などをしてなまける。

例 どこで油を売っているのか、出かけたきり帰ってこない。

845

慣用句

〔突然のことに〕おどろき、あわてる。

例 ぐらっとゆれたので、＿＿＿。

846

慣用句

息を止めるようにして、じっと静かにしている。息をこらす。息をつめる。

例 ちょうを取ろうと、＿＿＿。

847

慣用句

おどろいて、息を止める。

例 美しい景色を見て、思わず＿＿＿。

848

慣用句

感心して、自然に敬う気持ちになる。

例 彼のまじめさには＿＿＿。

841

慣用句

思いがけない出来事に、おどろきあきれて、ぼんやりする。

例 あまりにたくさん食べるので、＿＿＿。

842

慣用句

〔終わったあとに神様のようにお祭りしても役に立たないことから〕済んでしまって、もうどうにもならないこと。

例 今ごろくやしがっても＿＿＿だ。

843

慣用句

体をかくしてしまいたいほど、とてもはずかしい気持ちのたとえ。

例 言いまちがいをしてしまって、＿＿＿ような気持ちだ。

844

慣用句(かんようく)

板(いた)に付(つ)く

849

慣用句(かんようく)

一目(いちもく)置(お)く

850

慣用句(かんようく)

一(いち)も二(に)もなく

851

慣用句(かんようく)

後(うし)ろ指(ゆび)を指(さ)される

852

慣用句(かんようく)

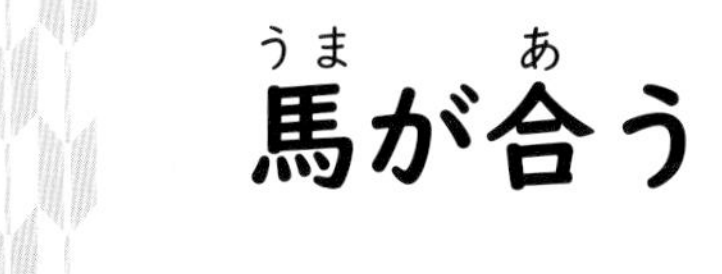

馬(うま)が合(あ)う

853

慣用句(かんようく)

瓜(うり)二(ふた)つ

854

慣用句(かんようく)

上(うわ)の空(そら)

855

慣用句(かんようく)

お茶(ちゃ)を濁(にご)す

856

慣用句

気が合う。気持ちがぴったりと合う。

例 彼女と私は＿＿＿。

853

慣用句

〔縦に二つに割ったうりは、形がよく似ていることから〕顔や姿が、とてもよく似ていること。

例 あのきょうだいは＿＿＿だ。

854

慣用句

ほかのことに夢中になっていて、必要なことに注意がいかない様子。

例 先生の注意を＿＿＿で聞く。

855

慣用句

その場しのぎのことやはっきりしないことを言って、その場をうまくごまかす。

例 適当なことを言って＿＿＿。

856

慣用句

仕事や役がらが、その人にぴったり合う。

例 リーダーが板に付いてきた。

849

慣用句

〔碁を打つとき、弱いほうが先に石を置いて始めることから〕相手が自分よりすぐれていると認めて、一歩ゆずる。

例 彼女の腕前は、みんなが＿＿＿ほどだ。

850

慣用句

あれこれ言うこともなく。

例 ＿＿＿賛成した。

851

慣用句

〔見えない後ろ側から指を指されるということから〕かげで悪口を言われる。

例 人から＿＿＿ようなことをしてはいけない。

852

慣用句(かんようぐ)

顔(かお)が広(ひろ)い

857

慣用句(かんようぐ)

顔(かお)から火(ひ)が出(で)る

858

慣用句(かんようぐ)

顔(かお)に泥(どろ)を塗(ぬ)る

859

慣用句(かんようぐ)

固唾(かたず)をのむ

860

慣用句(かんようぐ)

肩身(かたみ)が狭(せま)い

861

慣用句(かんようぐ)

肩(かた)を落(お)とす

862

慣用句(かんようぐ)

肩(かた)を持(も)つ

863

慣用句(かんようぐ)

気(き)が置(お)けない

864

慣用句

世間の人に対して、はずかしく感じる。「片身」はまちがい。

例 自分の遅刻のせいで出発がおくれ、______。

861

慣用句

がっかりする。肩の力がぬけて、両方の腕が垂れ下がる。

例 大切なものをこわして、______。

862

慣用句

味方をする。

例 お母さんはいつもねこのタマの______。

863

慣用句

遠慮せずに打ち解けられる。「気が許せない」という意味で用いるのは、本来の使い方ではない。

例 ______友だちと、楽しい一日を過ごした。

864

慣用句

多くの人とつき合いがある。

例 父は新聞記者で______。

857

慣用句

とてもはずかしくて、顔が真っ赤になる。

例 左右が別の靴下で外出してしまい、______思いをした。

858

慣用句

名誉を傷つけて、はじをかかせる。

例 近所でいたずらをして、親の______。

859

慣用句

どうなることかと息を止めるようにして、じっと成り行きを見守ること。

例 固唾をのんで見守る。

860

慣用句(かんようく)

肝(きも)を潰(つぶ)す

865

慣用句(かんようく)

九死(きゅうし)に一生(いっしょう)を得(え)る

866

慣用句(かんようく)

釘(くぎ)を刺(さ)す

867

慣用句(かんようく)

口(くち)が重(おも)い

868

慣用句(かんようく)

口(くち)が堅(かた)い

869

慣用句(かんようく)

口(くち)が軽(かる)い

870

慣用句(かんようく)

口(くち)が滑(すべ)る

871

慣用句(かんようく)

口車(くちぐるま)に乗(の)せられる

872

慣用句　対 口が軽い

秘密を簡単に人に言わない様子。

例 _____友人に相談する。

869

慣用句　対 口が堅い

〔言ってはならないことまで〕すぐに人に言う様子。

例 あの人は_____から、秘密をみんなに話してしまう。

870

慣用句

言うつもりはないのに、うっかりしゃべってしまう。口を滑らす。

例 いろいろ話しているうちに、つい_____。

871

慣用句

うまい言い回しにだまされる。口車に乗る。

例 口車に乗せられて、にせものを買ってしまった。

872

慣用句

意外なことやこわいことが起こって、とてもおどろく。

例 すぐ近くにかみなりが落ちて、肝を潰した。

865

慣用句

ほとんどだめだったが、やっと助かる。

例 とらに追いかけられたが、高い木に登り、九死に一生を得た。

866

慣用句

〔まちがいのないように〕前もって強く言いわたしておく。

例 会場ではさわがないように、_____。

867

慣用句

あまり話さない。

例 兄は_____が、気が乗るとよく話す。

868

慣用句(かんようく)

口火(くちび)を切(き)る

873

慣用句(かんようく)

口(くち)をとがらせる

874

慣用句(かんようく)

口(くち)を割(わ)る

875

慣用句(かんようく)

首(くび)をかしげる

876

慣用句(かんようく)

首(くび)を長(なが)くする

877

慣用句(かんようく)

さじを投(な)げる

878

慣用句(かんようく)

舌(した)を巻(ま)く

879

慣用句(かんようく)

白羽(しらは)の矢(や)が立(た)つ

880

慣用句

物事を、最初に始める。

例 討論会の______。

873

慣用句

不満に思っている気持ちを表情に出す。

例 母にしかられた妹が、______。

874

慣用句

かくしていたことなどを(かくし切れずに)言う。

例 犯人がようやく______。

875

慣用句

不思議に思って考え込んだり、疑って変だと思ったりして、首をかたむける。

例 確かにここに置いたはずなのにと、______。

876

慣用句

期待して、待つ。

例 父の帰りを、首を長くして待つ。

877

慣用句

〔医者が薬を調合するさじ（＝スプーン）を投げ出して重病人を見放すということから〕物事の見込みが立たず、あきらめる。

例 もうこれ以上は覚えられないと、______。

878

慣用句

とても感心する。

例 まるで写真のような絵に、______。

879

慣用句

たくさんの中から、特に目をつけられて、選び出される。

例 大会の選手宣誓は弟に白羽の矢が立った。

880

慣用句(かんようく)

白(しら)を切(き)る

881

慣用句(かんようく)

尻馬(しりうま)に乗(の)る

882

慣用句(かんようく)

尻(しり)に火(ひ)が付(つ)く

883

慣用句(かんようく)

白(しろ)い目(め)で見(み)る

884

慣用句(かんようく)

雀(すずめ)の涙(なみだ)

885

慣用句(かんようく)

図(ず)に乗(の)る

886

慣用句(かんようく)

太鼓判(たいこばん)を押(お)す

887

慣用句(かんようく)

高(たか)をくくる

888

慣用句

とても少ないこと。

例 ______ほどの謝礼を受け取った。

885

慣用句　類 調子に乗る

物事が自分の思うとおりになり、調子に乗って、勝手なことをする。

例 図に乗って、大さわぎをする。

886

慣用句

確かにまちがいないと責任を持ってうけ合う。「太鼓判」は「大きな判子」のこと。

例 きみなら大丈夫だと、______。

887

慣用句

たいしたことはないだろうと軽く考える。

例 相手は初心者だと______。

888

慣用句

〔知っていながら〕全然知らないふりをする。

例 何も聞いていないと______。

881

慣用句

〔よく考えもしないで〕人のあとについて行動する。

例 人の尻馬に乗ってさわぐ。

882

慣用句

物事がさしせまって、あわてる。

例 夏休みが終わりに近づき、いよいよ______。

883

慣用句

軽蔑した、冷たい目で人を見る。

例 マナーの悪い人をみんなが______。

884

慣用句(かんようく)

棚(たな)に上(あ)げる

889

慣用句(かんようく)

竹馬(ちくば)の友(とも)

890

慣用句(かんようく)

鶴(つる)の一声(ひとこえ)

891

慣用句(かんようく)

手塩(てしお)に掛(か)ける

892

慣用句(かんようく)

手(て)に余(あま)る

893

慣用句(かんようく)

手(て)も足(あし)も出(で)ない

894

慣用句(かんようく)

手(て)をこまねく

895

慣用句(かんようく)

手(て)を抜(ぬ)く

896

慣用句

〔あることに〕わざとふれないでおく。

例 自分のあやまちを棚に上げて人を責める。

889

慣用句

〔「竹馬に乗って遊んだ友だち」ということから〕小さいころからの友だち。

例 ______の間がら。

890

慣用句

多くの人の意見や議論をおさえつける、権威のある人の一言。

例 先生の______で決まった。

891

慣用句

自分でじっくり世話をして育てる。「手塩」は、自分で味つけができるように置かれた、少量の塩のこと。

例 手塩に掛けて子馬を育てる。

892

慣用句

力が足りなくて、どうすることもできない。

例 私たちの______事態が起きた。

893

慣用句

自分の力では、どうすることもできない。

例 問題が難しすぎて______。

894

慣用句

類 手をつかねる

何もしないで、成り行きに任せることしかできない。「手をこまぬく」ともいう。

例 手をこまねいているだけでは、解決しない。

895

慣用句

しなければならないことをしないでごまかす。

例 ひとりだけ______。

896

慣用句

手(て)を焼(や)く

897

慣用句 故事成語

頭角(とうかく)を現(あらわ)す

898

慣用句

途方(とほう)に暮(く)れる

899

慣用句

取(と)り付(つ)く島(しま)がない

900

慣用句

飛(と)んで火(ひ)に入(い)る夏(なつ)の虫(むし)

901

慣用句 故事成語

鳴(な)かず飛(と)ばず

902

慣用句

二(に)の足(あし)を踏(ふ)む

903

慣用句

二(に)の舞(まい)を演(えん)じる

904

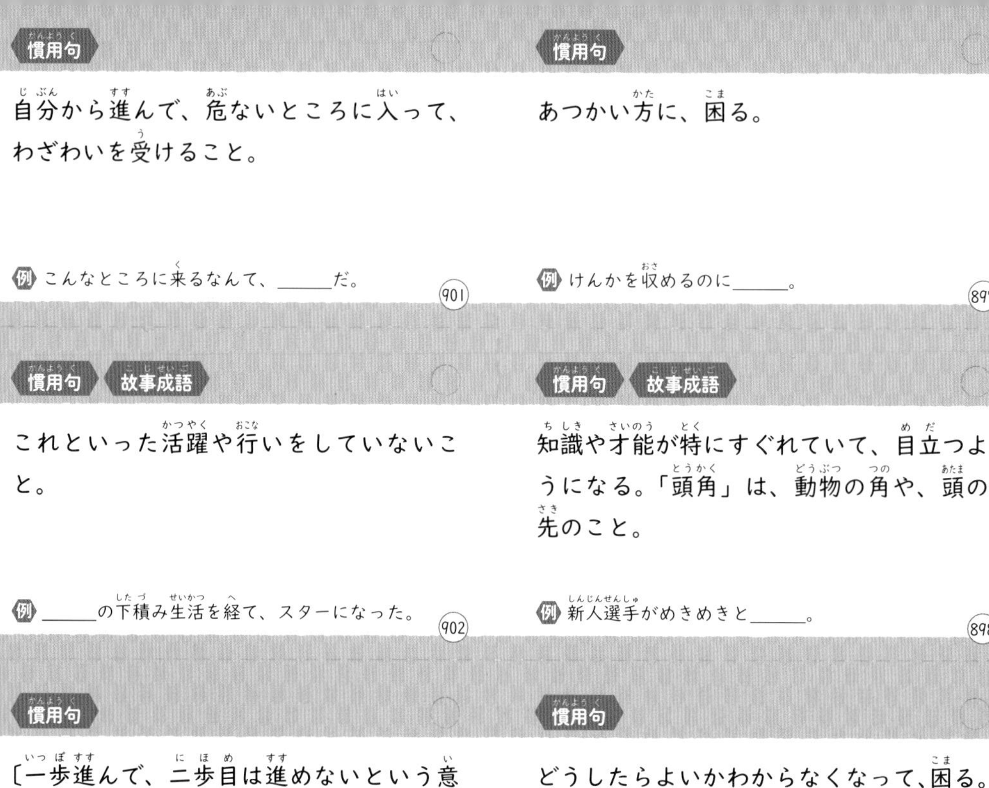

慣用句

自分から進んで、危ないところに入って、わざわいを受けること。

例 こんなところに来るなんて、＿＿＿だ。

901

慣用句　故事成語

これといった活躍や行いをしていないこと。

例 ＿＿＿の下積み生活を経て、スターになった。

902

慣用句

〔一歩進んで、二歩目は進めないという意味から〕気が進まなくて、ぐずぐずする。

例 高価な本なので、買うことに＿＿＿。

903

慣用句

前にやった失敗をくり返す。他人と同じ失敗を自分もする。「二の舞いを演じる」とも書く。

例 エラーしたチームメイトの＿＿＿。

904

慣用句

あつかい方に、困る。

例 けんかを収めるのに＿＿＿。

897

慣用句　故事成語

知識や才能が特にすぐれていて、目立つようになる。「頭角」は、動物の角や、頭の先のこと。

例 新人選手がめきめきと＿＿＿。

898

慣用句

どうしたらよいかわからなくなって、困る。

例 道に迷って＿＿＿。

899

慣用句

相手が親しみのない態度で、話しかけるきっかけがない。「取り付く島もない」ともいう。

例 話しかけても、こちらを見もしないので＿＿＿。

900

慣用句

猫の手も借りたい

905

慣用句

猫の額

906

慣用句

猫をかぶる

907

慣用句

根も葉もない

908

慣用句

音を上げる

909

慣用句

喉から手が出る

910

慣用句

歯が立たない

911

慣用句

鼻が高い

912

慣用句

［苦しくて声を立てる意味から］参る。降参する。

例 練習がつらくて＿＿＿。

909

慣用句

とてもほしくてたまらないことのたとえ。

例 ＿＿＿ほど、あのバッグがほしい。

910

慣用句

❶かたくてかめない。
❷力がおよばない。かなわない。

例 ❶＿＿＿ほどかたいおせんべい。
❷何をやっても兄には＿＿＿。

911

慣用句

ほこらしく思う。

例 孫がメダルをとって、＿＿＿。

912

慣用句

とてもいそがしいので、だれでもよいから手伝いがほしいこと。

例 仕事が多くて＿＿＿ほどだ。

905

慣用句

とてもせまい場所のこと。

例 ＿＿＿ほどの庭でガーデニングを楽しむ。

906

慣用句

本当の性質をかくして、おとなしそうに見せかける。

例 家ではわがままだが、学校では猫をかぶっている。

907

慣用句

何の理由も証拠もない。

例 ＿＿＿うわさが立つ。

908

慣用句(かんようく)

鼻(はな)であしらう

913

慣用句(かんようく)

鼻(はな)に掛(か)ける

えっへん！

914

慣用句(かんようく)

鼻(はな)に付(つ)く

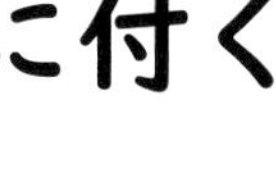

915

慣用句(かんようく)

鼻(はな)を明(あ)かす

916

慣用句(かんようく)

歯(は)に衣(きぬ)を着(き)せない

917

慣用句(かんようく)

腹(はら)が黒(くろ)い

918

慣用句(かんようく)

腹(はら)を決(き)める

919

慣用句(かんようく)

腹(はら)を割(わ)る

920

慣用句

〔相手の気持ちなどを気にせず〕思っていることをはっきり言う。

例 ＿＿＿で話す人。

917

慣用句

心がゆがんでいて、悪事をたくらむ様子。根性が悪い。

例 彼は親切そうに見えるが、実は＿＿＿。

918

慣用句

覚悟や気持ちを、はっきりと定める。

例 本当のことを打ち明けようと＿＿＿。

919

慣用句

かくさず、本心を打ち明ける。

例 おたがい腹を割って話し合おう。

920

慣用句

相手を軽く見て、いいかげんにあつかう。「鼻先であしらう」ともいう。

例 相談を持ちかけたら、鼻であしらわれた。

913

慣用句

じまんして、得意そうにふるまう。

例 表彰されたことを＿＿＿。

914

慣用句

なんとなくいやになる。

例 えらそうな話し方が＿＿＿。

915

慣用句

人のすきをついて相手をびっくりさせる。

例 満点を取って、ライバルの＿＿＿。

916

慣用句(かんようく)

歯(は)を食(く)いしばる

921

慣用句(かんようく)

火(ひ)に油(あぶら)を注(そそ)ぐ

922

慣用句(かんようく)

眉(まゆ)をひそめる

923

慣用句(かんようく)

水(みず)に流(なが)す

924

慣用句(かんようく)

水(みず)を差(さ)す

925

慣用句(かんようく)

身(み)につまされる

926

慣用句(かんようく)

耳(みみ)が痛(いた)い

927

慣用句(かんようく)

耳(みみ)にたこができる

928

慣用句

〔つらいときやくやしいときなどに〕じっとがまんする。

例 歯を食いしばって、なみだをこらえる。

921

慣用句

〔燃えている火に油をかければ、なおよく燃えるように〕勢いの強いものに、さらに勢いをそえること。

例 ふざけた言い訳をして、______結果となった。

922

慣用句

心配なことがあったり、いやなことを見たりしたとき、顔をしかめる。

例 だらしない身なりに______。

923

慣用句

〔いざこざ・うらみなどについて〕今までのことはなかったことにして、以後こだわらないようにする。

例 おたがいに、今までのことは水に流しましょう。

924

慣用句

せっかくうまくいっている物事を、そばでじゃまをして、うまくいかないようにする。

例 ふたりの友情に______。

925

慣用句

人の不幸や苦しみなどが自分のことのように（気の毒に）思われる。

例 ______悲しいニュース。

926

慣用句

自分の悪いところや弱みを言われて、聞くのがつらい。

例 欠点を指摘されて、______。

927

慣用句

同じことを何度も聞かされて、いやになる。

例 その話は、______ほど聞いた。

928

慣用句（かんようく）

耳（みみ）を疑（うたが）う

929

慣用句（かんようく）

耳（みみ）を傾（かたむ）ける

930

慣用句（かんようく）

耳（みみ）をそろえる

931

慣用句（かんようく）

身（み）を粉（こ）にする

932

慣用句（かんようく）

虫（むし）がいい

933

慣用句（かんようく）

胸（むね）をなで下（お）ろす

934

慣用句（かんようく）

目（め）が高（たか）い

935

慣用句（かんようく）

目（め）がない

936

慣用句

自分に都合のよいようにばかり考える。自分勝手で、ずうずうしい。「虫のいい」ともいう。

例 おこづかいを、両親からも祖父母からももらおうなんて＿＿＿考えだ。

933

慣用句

心配なことがなくなって、ほっとする。

例 無事に着いたという知らせに、＿＿＿。

934

慣用句

よいものを見分ける力がすぐれている。

例 これを選んだとは、さすがにきみは＿＿＿よ。

935

慣用句

❶ ものを考えたり、正しく見分けたりする力がない。

❷ とても好きであること。

例 ❶ こんなつぼを買うなんて、＿＿＿人だ。

❷ ソフトクリームには＿＿＿。

936

慣用句

意外なことを聞いて、おどろく。

例 優勝候補のチームが負けたと聞き、＿＿＿。

929

慣用句

熱心に聞く。しっかり聞く。

例 説明に＿＿＿。

930

慣用句

〔あるまとまった金額の〕全額をまとめる。

例 借りたお金を耳をそろえて返す。

931

慣用句

苦労をいやがらず、一生懸命に働く様子。「みをこなにする」と読まない。

例 身を粉にして働く。

932

目から鼻へ抜ける

937

慣用句

目と鼻の先

938

慣用句

目に余る

939

慣用句

目を掛ける

940

慣用句

目を皿のようにする

941

慣用句

目を丸くする

942

慣用句

指をくわえる

943

慣用句

らちが明かない

944

慣用句

目を大きく開いて、ものをよく見る。

例 落としたお金を目を皿のようにしてさがした。

941

慣用句

とてもおどろく。目を大きく開く。

例 思いがけない話を聞いて、______。

942

慣用句

ほしかったり、したかったりすることを、自分ではどうすることもできず、ただ見ていること。

例 友だちのおもちゃがうらやましくて、______。

943

慣用句

物事の決まりがつかない。決着しない。はかどらない。

例 このままでは______。

944

慣用句

かしこくて、物事の理解が早い。

例 ______ような、かしこい子。

937

慣用句

とても近いこと。「目と鼻の間」ともいう。

例 ぼくの家と学校は、______だ。

938

慣用句

だまって見過ごすことができないほど、ひどい。

例 となりの家の子のいたずらが______。

939

慣用句

特によく世話をする。めんどうを見る。かわいがる。

例 チームの有望なメンバーに______。

940

四字熟語

いきとうごう

意気投合

945

四字熟語

いくどうおん

異口同音

946

四字熟語

いしんでんしん

以心伝心

947

四字熟語

いちごいちえ

一期一会

948

四字熟語

いちじつせんしゅう

一日千秋

949

四字熟語

いちぶしじゅう

一部始終

950

四字熟語

いっしんいったい

一進一退

951

四字熟語

いっしんどうたい

一心同体

952

四字熟語

たがいに気持ちがぴったり合うこと。

例 彼とは初対面だが、＿＿＿した。

945

四字熟語

多くの人が口をそろえて同じことを言うこと。「異句同音」と書かない。

例 全員が＿＿＿に賛成した。

946

四字熟語

言わなくても相手に考えや気持ちが伝わること。「意心伝心」と書かない。

例 ＿＿＿の間がらの親友。

947

四字熟語

一生に一度の出会いや機会。茶道の心得で、「何事も一生で一度限りと思って大切にしなさい」という教えから。

例 ＿＿＿の出会いを大切にする。

948

四字熟語

一日が千年にも感じるほど、長く思われること。「いちにちせんしゅう」とも読む。

例 ＿＿＿の思いで待つ。

949

四字熟語

始めから終わりまで、全部。

例 ＿＿＿を姉に見られていた。

950

四字熟語

進んだりもどったりすること。また、病気などの状態がよくなったり、悪くなったりすること。

例 彼女の病状は＿＿＿です。

951

四字熟語

ふたり以上の人が、心を合わせて結びつくこと。

例 そのときチームは＿＿＿となった。

952

四字熟語

いっしんふらん
一心不乱

953

四字熟語

いっせきにちょう
一石二鳥

954

四字熟語

いっちょういっせき
一朝一夕

955

四字熟語

いっちょういったん
一長一短

956

四字熟語

うおうさおう
右往左往

957

四字熟語

がでんいんすい
我田引水

958

四字熟語

きしかいせい
起死回生

959

四字熟語

きしょうてんけつ
起承転結

960

四字熟語

うろたえて、うろうろすること。

例 駅の構内で、出口を探して＿＿＿する。

957

四字熟語

〔自分の田にだけ水を引く、という意味から〕自分の都合のよいように意見を言ったり、行動したりすること。

例 ＿＿＿の行動はきらわれる。

958

四字熟語

今にもほろびそうな状態から、よい状態にすること。

例 ＿＿＿の逆転ホームラン。

959

四字熟語

❶ 漢詩の組み立て方の一つ。
❷ 物事や文章を組み立てる順序。

例 ❶ 漢詩の＿＿＿をとらえる。
❷ 物語の＿＿＿を理解する。

960

四字熟語

一つのことに心が集中して、ほかのことに乱されないこと。

例 ＿＿＿に勉強する。

953

四字熟語

〔一つの石で二羽の鳥を落とすように〕一つのことをして、二つの得をすることのたとえ。一挙両得。

例 プレゼントをあげたら、とても喜ばれたうえにお返しをもらえて、＿＿＿だ。

954

四字熟語

〔一回の朝と一回の晩の意味から〕わずかの日時。わずかの間。「一鳥一石」と書かない。

例 この製品は＿＿＿にできたものではない。

955

四字熟語　類 一利一害

よいところもあるが、悪いところもあること。「長」は「長所」、「短」は「短所」のこと。

例 どんな人にも＿＿＿がある。

956

四字熟語

ぎしんあんき
疑心暗鬼

961

四字熟語

きそうてんがい
奇想天外

962

四字熟語

きどあいらく
喜怒哀楽

963

四字熟語

ここんとうざい
古今東西

964

四字熟語　故事成語

ごりむちゅう
五里霧中

965

四字熟語

ごんごどうだん
言語道断

966

四字熟語

さいさんさいし
再三再四

967

四字熟語

じがじさん
自画自賛

968

四字熟語　故事成語

〔深い霧で方向がわからないということから〕物事の事情がわからなくて、どうしたらよいかわからないこと。

例 手がかりがなく、事件は______の状態だ。

965

四字熟語

言葉では言い表せないくらい、ひどいこと。

例 親切にしてくれた人をだますとは______だ。

966

四字熟語

三度も四度も。くり返しくり返し。

例 まちがえないように、弟に______注意した。

967

四字熟語

〔自分でかいた絵に自分で言葉を書き入れる意味から〕自分で自分のことをほめること。

例 自画像のできばえを______する。

968

四字熟語

疑う心を持つと何でもないことまで不安でおそろしくなること。

例 ______になり、木がおばけに見えてしまった。

961

四字熟語

ふつうではとても思いつかないほど、めずらしい様子。

例 ______なストーリー展開。
______なマジックにおどろく。

962

四字熟語

人間の心のいろいろな動き。喜びといかりと悲しみと楽しみ。

例 ______を表現する。

963

四字熟語

昔から今までと、世界中。いつでもどこでも。

例 ______のめずらしい品々。

964

じきゅうじそく
自給自足

969

四字熟語

しくはっく
四苦八苦

970

四字熟語

しこうさくご
試行錯誤

971

四字熟語

じごうじとく
自業自得

972

四字熟語 故事成語

しめんそか
四面楚歌

973

四字熟語

じゃくにくきょうしょく
弱肉強食

974

四字熟語

じゅうにんといろ
十人十色

975

四字熟語

しゅびいっかん
首尾一貫

976

四字熟語　故事成語　類 孤立無援

周りが敵ばかりであること。

例 ______の状態で、にげ場がない。

973

四字熟語

弱いものが強いものに食われること。また、勢いの強いものが弱いものをおさえつけること。

例 ______の世の中。

974

四字熟語

〔十人いれば、それぞれ顔つきがちがうように〕人によって、好みや考え方がちがっていること。

例 同じ質問をしても、答えは______だ。

975

四字熟語　類 終始一貫

はじめから終わりまで、考えや行いなどが変わらないこと。

例 ______した主張。

976

四字熟語

生活に必要なものを自分で作って、自分で使うこと。

例 ______の暮らし。

969

四字熟語

たくさんの苦労をすること。

例 家計のやりくりに______する。

970

四字熟語

試すことと失敗することをくり返しながら、正しい解決方法を探していくこと。

例 ______を重ねて、ようやく完成にこぎつける。

971

四字熟語

自分のした悪い行いの報いを、自分の身に受けること。

例 失敗したのは忠告を聞かなかったせいだから、______だ。

972

四字熟語

しんきいってん
心機一転

977

四字熟語

ぜったいぜつめい
絶体絶命

978

四字熟語

せんさばんべつ
千差万別

979

四字熟語

ぜんだいみもん
前代未聞

980

四字熟語

せんぺんばんか
千変万化

981

四字熟語

たいきばんせい
大器晩成

982

四字熟語

だいどうしょうい
大同小異

983

四字熟語

たんとうちょくにゅう
単刀直入

984

四字熟語

いろいろに変わること。

例 電車から、______する入り江の風景を見る。

981

四字熟語

すぐれた才能のある人は、若いときはあまり目立たないが、年をとって力をあらわして、立派になるものだということ。

例 ______の研究者。

982

四字熟語

類 五十歩百歩

少しのちがいはあるが、だいたい同じであること。

例 二つの意見は______だ。

983

四字熟語

前置きや遠回しの言い方をせず、いきなり物事の中心に入ること。「短刀直入」と書かない。

例 ______に言います。

984

四字熟語

あることをきっかけにして、新たな気持ちになること。「心気一転」と書かない。

例 新しい土地で、______がんばろう。

977

四字熟語

追いつめられて、どうすることもできないこと。「絶対絶命」と書かない。

例 ______の大ピンチに陥る。

978

四字熟語

たくさんのものが、それぞれちがっていること。

例 人の生き方は______だ。

979

四字熟語

今までに一度も聞いたことがないような、めずらしいこと。

例 ______の出来事に、だれもがおどろいた。

980

四字熟語

てきざいてきしょ
適材適所

985

四字熟語

にそくさんもん
二束三文

986

四字熟語

にっしんげっぽ
日進月歩

987

四字熟語

ばじとうふう
馬耳東風

988

四字熟語

はっぽうびじん
八方美人

989

四字熟語

はんしんはんぎ
半信半疑

990

四字熟語

ひゃっぱつひゃくちゅう
百発百中

991

四字熟語

ふげんじっこう
不言実行

992

四字熟語

だれからもよく思われるように立ち回る人。

例 ＿＿＿な性格なので、誤解されやすい。

989

四字熟語

半分信じ、半分疑うこと。本当かどうか、迷うこと。

例 ＿＿＿の表情をうかべる。

990

四字熟語

❶〔鉄砲などを〕うてば必ず命中すること。
❷ 予想や計画が、全部当たること。

例 ❶ ＿＿＿の腕前。
❷ 試験問題を予想したら、＿＿＿だった。

991

四字熟語

あれこれ言わずに、よいと思うことやするべきことを、実際に行うこと。

例 ＿＿＿で、練習を重ねて上達した。

992

四字熟語

才能や力に合った役目や仕事を、それぞれの人に受け持たせること。

例 社員には＿＿＿を考えて仕事を受け持たせる。

985

四字熟語

数が多くても、非常に安い値段にしかならないこと。ひどく安い値段のこと。

例 古い雑誌を古本屋に＿＿＿で売った。

986

四字熟語

〔科学・文化などが〕絶え間なく進歩すること。

例 携帯電話の開発技術は＿＿＿だ。

987

四字熟語 類 馬の耳に念仏

〔馬は耳に東風（＝春風）がふいても感じないことから〕人の言ったことなどを、少しも気にかけないこと。

例 何を言おうと＿＿＿だ。

988

四字熟語

ふわらいどう
付和雷同

993

四字熟語

ぼうじゃくぶじん
傍若無人

994

四字熟語

ほんまつてんとう
本末転倒

995

四字熟語

むがむちゅう
無我夢中

996

四字熟語

ゆうじゅうふだん
優柔不断

997

四字熟語

ゆうめいむじつ
有名無実

998

四字熟語

ゆだんたいてき
油断大敵

999

四字熟語

りんきおうへん
臨機応変

1000

四字熟語

ぐずぐずして、物事をはっきり決めることができないこと。

例 ＿＿＿なので、何を注文するか、なかなか決められない。

997

四字熟語

名前や評判ばかりよくて、中身がそれにともなわないこと。

例 もはや＿＿＿となったルール。

998

四字熟語

油断することは、思わぬ失敗のもとになるということ。油断はおそろしい敵であるということ。

例 ＿＿＿だ、気を引きしめていこう。

999

四字熟語

〔思いもかけない変わった出来事にあっても〕その場その時に合ったやり方をすること。

例 ＿＿＿に対応できるよう、準備する。

1000

四字熟語

自分の考えがなく、他人の意見にすぐ調子を合わせること。「不和雷同」と書かない。

例 すぐに＿＿＿するのはよくない。

993

四字熟語

〔そばに人がいないかのように〕ずうずうしく勝手気ままにふるまうこと。

例 ＿＿＿に食卓に上がるねこ。

994

四字熟語

大切なことと、大切でないことが反対になること。

例 マラソンに備え運動しすぎ、もう走れない。これでは＿＿＿だ。

995

四字熟語

そのことだけに一生懸命になり、ほかのことを忘れること。「無我無中」や「無我霧中」と書かない。

例 ＿＿＿で走り、何とかバスに間に合った。

996